U0910522

王致和

专心干好一件事

张永和 张婧　著

中国出版集团公司
华文出版社

图书在版编目（CIP）数据
王致和 ： 专心干好一件事 / 张永和， 张婧著 .
北京 ： 华文出版社， 2025. 3. -- ISBN 978-7-5075
-6115-9
Ⅰ . F426.82
中国国家版本馆 CIP 数据核字第 2025N8C784 号

王致和：专心干好一件事

作　　者：张永和　张　婧
责任编辑：胡慧华
特约编辑：伊卫东
出版发行：华文出版社
地　　址：北京市西城区广外大街 305 号 8 区 2 号楼
邮政编码：100055
网　　址：http://www.hwcbs.cn
电　　话：总编室 010-58336239　发行部 010-58336202
　　　　　责任编辑 010- 58336197
经　　销：新华书店
图文制版：北京禾风雅艺文化发展有限公司
印　　刷：三河市人民印务有限公司
开　　本：710mm × 1000mm　1/16
印　　张：15.5
字　　数：180 千字
版　　次：2025 年 3 月第 1 版
印　　次：2025 年 3 月第 1 次印刷
标准书号：ISBN 978-7-5075-6115-9
定　　价：85.00 元

序言

preface

◎阎崇年

张永和先生是中国当代著名的戏曲剧作家、评论家。少年时，我与他同在北京第六中学（清升平署旧址）读书，我虚长他几岁，高他几班，但他学问大、成果多、为人和善、助人为乐，所以我称他为“学兄”。我们这两个“80”后，一个埋头于戏曲剧作，一个潜心于研读历史，如今都已至耄耋之年，七十载光阴，弹指一挥间，回味往事，思绪万千。我们相约，一辈子择一事而不改初心，实感乐哉，亦是幸哉！

这些年，我经常与永和学兄一起参加一些文化活动，彼此文墨相濡，聚品清茶相交。永和学兄坚守菊坛，从不旁骛，笔耕不辍，创作了五十余部戏曲作品，有的荣获各种大奖，演出之时，场场爆满，剧评口碑，赞誉有加。他的京味题材戏曲作品，独树一帜，彰显特色。如曲剧《烟壶》，写清光绪年间，古月轩老艺人的工匠精神、家国大义；又如京剧《风雨同仁堂》，写光绪二十六年（1900年）“同仁堂”国医人济世苍生、同修仁德的人格操守；再如曲剧《珍妃泪》，写清光绪年间因“戊戌变法”引出的一段政治兴衰、人生爱恨……还有京剧《满江红》《孟母三迁》《穆桂英挂帅》等，都是弘扬爱国主义精神与忠烈节义的好戏。

永和学兄是地地道道的北京人，生于斯，长于斯，学于斯，著于斯。他久住北京前门外闹市地区，老北京的人儿，老北京的事儿，收藏在他脑子里，散发着京味气息。学兄多次对我讲，他有一个夙愿——将自己熟知的北京老字号的故事，“从肚子里掏出东西来”，奉献给广大观众和读者。

2019 年年末，我接到永和学兄的电话，邀我到北京剧院观看曲剧《王致和：专心干好一件事》首演，这是他在 24 年前拟就剧本提纲的一部写北京老字号“王致和”的戏，如今恰逢“王致和”品牌创立 350 周年的契机，此剧被搬上红氍毹，应是正逢其时。看过戏后，我的感觉是，这部戏主题好，人物好，情节好，京味好。尤其是徽州举人王致和在屡试不第后，脱下长衫，弃文从商，走出新路。这个故事对于当下年轻人在纷杂社会中的人生抉择与思考，具有普遍的借鉴意义。

我在研究清史的过程中，一直强调四个字——“敬畏历史”。为什么要“敬”？因为吸取前人经验会得到宝贵的智慧；为什么要“畏”？因为重蹈前人覆辙要受到历史的惩罚。而永和学兄早在北京戏曲评论学会的座谈会上，就朗声建言道：“反对鄙视传统、割裂传统、改造传统、摒弃传统；提倡敬畏传统、学习传统、传承传统、发展传统。”治史，写戏，传承中华历史文化，我们可谓不谋而合。

人生之路，多条大道，怎样选择，史有先例。著名经学家段玉裁，科试不顺，改研小学，以五十年的功力，自费出版了《说文解字注》这部学术不朽之作。书法家蒋衡，科试落第，改研书法，访高人，观碑林，“键户十二年，书写十三经”，功夫不负，终于有成。今北京孔庙和国子监博物馆内，有他书写“十三经”经文的《乾隆石经》碑林，成为历史文化遗产。大书画家文徵明，“应天乡试，七试不中”，放弃仕途，潜心书画，终成明代书画大师。

《王致和：专心干好一件事》一书的社会意义在于，人生道路，千条万条，哪条通达，就走哪条。俗话说：“三百六十行，行行出状元。”每年高考之日，我真情祈愿参加高考的学子，人人如愿，个个成功。但是，如果看看《王致和：专心干好一件事》，定会开卷受益，增长智慧，学会变通，清新观念，滋养心灵。

《王致和：专心干好一件事》一书，得到宋志军社长支持，由华文出版社出版，我是先睹为快，诸位不妨一读。

是为序。

目录

contents

第一部分　磨尽铁砚写匠心——从落第举人到“臭豆腐”创始人（1668—1912）

第一章　徽州故里　左手磨豆腐　右手读“四书”的王致和

第二章　南柯一梦　“落第举人”北京城绝处逢生

第三章　初创基业　朗朗乾坤下的“王致和”南酱园

第四章　臭豆腐载誉京师　风靡舌尖上的“大清朝”

第二部分 | 历尽风雨终涅槃——从民国初年到解放后重获新生（1912—1979）

第五章　解放后　“王致和”凤凰振翅又涅槃

第三部分 承前启后铸匠道——从改革开放后的老牌国企到新时代大国工匠（1979—2020）

【第一部分】

磨尽铁砚写匠心——从落第举人到“臭豆腐”创始人

（1668—1912）

一脉徽商延祖风，磨尽铁砚匠心成。
致君美味传天下，“青方”扬名誉大清。

本部分讲述了清朝康熙年间，徽州举子王致和经历了江南贡院乡试、北京贡院会试，从安徽仙源到北京城科考求仕、两试不第后，在韩冬雪父女与同仁堂创始人乐显扬、礼部侍郎孙岳颁及京城众百姓的鼓励与帮助下，弃文从商，靠祖传手艺为京城百姓酿造臭豆腐，从而创立百年老店南酱园，赢得『状元题诗、老佛爷赐名』，使『王致和』臭豆腐成为风靡大清朝舌尖美味的一段传奇故事。

诚

第一章

Chapter 1

徽州故里

左手磨豆腐

右手读『四书』的王致和

第一节

石板桥畔"豆腐郎"十载寒窗求进仕

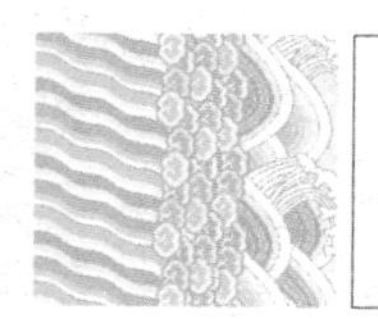

书文戏理，说不尽家国天下事；
青方红方，品不完人间儿女情……

臭豆腐，酱豆腐，王致和臭豆腐……

凡是在老北京胡同里生活过的人，大都记得这熟悉的叫卖声，那抑扬顿挫的声调，拖得稍长、微微上扬的尾音儿，听上去既亲切，又有趣。

一块小小的豆腐，它穿越了 350 年古今沧桑，缔造了一个令外国人都啧啧赞叹的大国工匠品牌——北京二商集团有限责任公司"王致和"，书写了一段跌宕起伏的中国故事，一篇荡气回肠的锦绣文章。

本书作者之一、耄耋之年的著名戏曲编剧张永和先生，在 2019 年底上演的曲剧《王致和》中调商为曲、泼墨成辉：

《“王致和”臭豆腐叫卖》插画

曲剧《王致和》宣传海报

小小臭豆腐变化非常，
由白转绿挂着一层霜。
闻着臭，吃着甜，人民的卤虾酱，
倒点香油，沏俩花椒儿，就着窝头喷鼻香！
王致和臭豆腐名登金榜！
西太后赐名“青方”！
三百年老字号，全球盛名享，
一段中国故事，一篇锦绣文章……

既然称之为“中国故事”，其中必定是风云际会，百转千回，充满了咱们中华民族五千年血脉深处特有的精神风骨和肝胆气节。

王致和何许人也？有何不同寻常的经历？他一手创制的臭豆腐因何香飘京城，一“臭”越百年，流传下“太后赐名，状元题诗，阿哥叫卖”的传奇故事？被京城老百姓奉为佐餐佳品的小小“青方”，又会牵连出怎样跌宕起伏的“两个女人一台戏”？

……

要回答这些问题，考究350年中华老字号“王致和”的历史渊源，不能不跨越时光，回到长袍马褂的大清朝，从清康熙年间的安徽仙源古镇，那个生命底色中镌刻着“徽”文化与古徽州记忆的地方讲起。

俗话说：“一方水土养育一方人。”安徽举人王致和能够扎根京城，成就三百年不衰的臭豆腐基业，与他自幼生长的环境与人文风俗息息相关。

对于王致和的生卒年月，史料记载不详，笔者翻阅史书，只说：“王致和，字远候，清代太平县仙源（今黄山区仙源镇）人。”另据1996年出版的《徽州风俗》一书记载：

王致和，祖籍今安徽省仙源镇。

这寥寥数语，似乎成了历史留给我们寻味王致和故事的惟一线索，循着历史的版图，让我们把目光聚焦于氤氲着诗情画意的水墨安徽。

相传，安徽是我国豆腐的发祥地之一。皖南地区（安徽南部）早在明代就是腐乳的名特产区，腐乳的生产技艺相当普及。明末，王家祖上为了逃避灾荒，举家迁居皖南，同时也把磨豆腐的技艺带到了那里。

据明代文学家李日华《篷拢夜话》一书记载：“黟县人喜于夏秋间酿腐，令变色生毛，随拭去之，待稍干，投沸油中灼过。”

这段文字说的就是腐乳的制作过程，而黟县就在今安徽省的南部，与王致和的家乡仙源同属皖南地区。

关于王致和家乡仙源这一地名的由来，《太平县志》中曾有这样的记载：

以其流经邑城之麻川源出黄山，古称仙源是也。

由此看来，仙源此名应与黄山有关。

仙源地处黄山北麓，黄山是大自然鬼斧神工的杰作，轩辕峰、炼丹峰等名称便取自黄帝在黄山炼丹得道升天的故事。因此，距黄山最近的山谷小城被赋予“仙源”这样诗意的名字也就不足为怪，且有黄山最大的水系麻川河相连接，有仙则名，有水则灵，山水相映，得名“仙源”确也名副其实。

仙源古镇名人辈出，南宋进士孙楸，明弘治年间知县赵象、御史崔涯都是仙源人，崔涯在其《春日省城记》一文中这样描述仙源：“倚碧云，揖黄山诸峰，罗列如黍米，麻川、富溪湍激洄漩……”寥寥数语，山水灵气跃然纸上。

安徽仙源古镇

仙源隶属于安徽太平县（今黄山区），始建于唐天宝四年（745年），直到二十世纪六十年代，一直是太平县县治所在地。到了宋代，已经建成为一座“城周一里二百一十步”的小城。明朝时，又经过重新修筑，达到“高丈八尺、厚一丈，上广八尺”的规模。

仙源面朝黄山，城池坐北朝南，城下两条小河，蜿蜒曲折，汇合于东南角处，又经西南而下的富溪，流至东边，汇入紧贴城垣的麻川河。城对面的东门河滩，是一处天然的聚会广场，每遇戏班、杂耍、庆贺等重大活动，城内百姓欢聚于此，热闹非凡。

仙源境内历史文化古迹众多，有麟凤桥、板石诗刻、众乐亭、永济桥及章家大屋等。仙源三面环山，山高林密，地形多变，对当地的居民来说，这样的地质特征意味着田地资源稀少且不利于灌溉，土地贫瘠，粮食产量低，本地人很难靠天吃饭。然而，面朝黄山而居的仙源人，秉承着这片土地特有的山岳风骨，一座黄山峰，一条新安江，滋养了仙源人平和坚韧、吃苦耐劳、沉心静气的品德；再加上仙源一年四季日照适中，雨量充沛，山中物产丰盈，在依靠土地很难维持生活的条件下，仙源人依山而居，靠山生存，将山货贩卖用以购买外地粮食，纷纷做起了外出经商的生意。

明清时期，仙源因其地理位置优越，经济繁荣，商业发达，素有“东连旌德，北枕泾邑，西邻石埭，南联黟歙，犬牙相制，四通五达”之称。仙源古镇上，随处可见鳞次栉比的高堂大屋，仅宗祠、坛庙就有三四十处。南北纵横的古街两侧，商贾云集，杂货铺，油盐铺，裁缝铺，鸡毛掸子铺……灰瓦白墙间，叫卖声不绝于耳，浓浓的水墨徽韵扑面而来。

清康熙年间，仙源镇街东头有一家飘着“王记”布幌子的豆腐坊，前面两间铺面房，后面带一个小院。店铺主人王老实三代单传，夫妻俩老来得子，爱若珍宝，取古籍“中庸致和”之意，为子取名“王致和”，寄希望于儿子一生和顺、安稳。在仙源这个土地贫瘠的小镇，王家祖上没有选择外出经商，从曾祖父起就在镇上开设豆腐坊，几代人都以做豆腐为生，足以看出王家人安贫乐道的淳朴本色。由于从不在工艺上偷工减料，货真料足，而且豆腐的口感嫩滑无比，王家豆腐坊在镇上口碑大增，妇孺皆知，一家人靠手艺过生活，虽不是大富大贵，日子却也过得安稳小康。

转眼间，王致和长到六七岁光景，每天看着父亲日出而作，手脚不停地忙着一家三口的生计，他就跟在一旁打下手，泡豆、点卤、磨豆浆、做豆腐。有一天，镇上书院的一位教书先生慕名到王家来买豆腐，看到小小年纪的王致和生得天庭饱满，眉清目秀，又如此勤快懂事，不禁感怀在心，随口吟起了宋代朱熹的一首描写农民辛劳种豆的“豆腐诗”：

种豆豆苗稀，力竭心已腐。早知淮王术，安坐获泉布。

这首诗中的“早知淮王术”，说的就是史书上记载的汉初淮南王刘安率领众人炼长生不老丹，结果歪打正着发明豆腐的典故。从此，种豆磨豆腐，成了老百姓用以谋求生计的劳作方式，早在南宋时期，街头市井就有专门以卖豆腐“获泉布”（金钱）的作坊出现了。

王致和似懂非懂地听着先生吟诵的诗句，眼睛一眨一眨地望着眼前这个老儒生模样的长者，似乎陡然间悟到了什么，不一会儿，他竟能跟着先生倒背如流，一字一句，抑扬顿挫，分毫不差。私塾先生笑着对小致和说：

孩子，你明白这首诗是什么意思吗？它是说，老百姓种豆辛苦，生活不易，就像你爹这样，靠磨豆腐养活一家人！

王致和听了，不假思索地说道：

等我将来长大了，一定要争个“豆腐状元”，让我爹不再这么辛苦——“安坐获泉布”！

私塾先生见王致和年纪不大，却如此机敏聪慧，活学活用，不禁竖起大拇指称赞道：

《王记豆腐坊》彩绘　杨信　绘

王老板，您的儿子小小年纪，却如此出语不凡，过目成诵，我看这孩子啊，是块读书的材料！您要是乐意，就让他到书院去念书！说不定将来鱼跃龙门，功名及第，成就一番大事呢！

私塾先生的话就像暗夜里的一盏火苗，瞬间点燃了王致和父亲的心。王老实夫妻俩私下合计着：致和这么聪慧的孩子，让他守着豆腐坊磨一辈子豆腐，岂不是断送了孩子的前程。倒不如让他到书院读书，将来若能考中功名，中个秀才、举人，也可以光宗耀祖，改换门庭，不至于一辈子做个豆腐郎。

父亲拍着王致和的肩膀，又摸了摸那口经年累月磨豆子的老石磨，语意深长地说道：

致和啊，咱们王家三代人哄驴磨豆腐，从春到秋，从没离开过这口石磨，将来改换门庭，光耀门楣，就指望你了！

小致和望着父亲饱含希望的眼神，使劲地点点头。

就这样，王致和被送进了仙源镇天都书院，跟着先生从幼学启蒙的“三、百、千、千”（《三字经》《百家姓》《千家诗》《千字文》）学起，直到“四书五经”，再到学习写八股文章……

说到书院，这里还要补充一段历史背景：清朝初期，朝廷因顾虑书院会成为聚集汉族士人煽动排满危及统治的场所，因而一度对书院持抑制政策。顺治九年（1652 年），朝廷规定“不许别创书院”。但在限制书院发展的同时，清廷又施以笼络的手段，目的是纠正明代中后期书院“风议朝政、裁量人物”的学风，使其完全掌控在自己手中，从而有限制地延续和发展。在此情况下，顺治朝至康熙朝前期，不少书院得以恢复。王致和就读的天都书院，就是顺治八年（1651 年），太平县知县陈善政在明末倾圮的基础上重建的，书院建成后，“中有讲堂，前有凌云阁，左有房舍三间，前为大门，周置墙垣”。

笔者查阅资料，天都书院位于原太平县（仙源）治南，初名文峰书院，始建于明嘉靖中（约 1530 年前后），1543 年重修，更名天都书院。清代时修时废，道光五年（1825 年）更名仙源书院。咸丰初年被毁，同治八年（1869 年）修复，宣统年间改为仙源高初两等小学堂。民国期间，太平县初级中学曾设于此，现为黄山市（原太平县）仙源中学。

在这里，笔者还要简单介绍一下封建社会的私塾（书院）教育，以便读者对王致和习举业的读书之路了然无惑。

按照明清时期的科举制度，凡是习举业的读书人，不管年龄大小，未考取生员（秀才）资格之前，都称为童生或儒童。即便是童生也有门槛，只有通过了县试、府试两场考核的学子，才能被称作童生，才有资格参加院试、乡试，考取秀才、举人。

一般来说，封建私塾的学生大多六岁启蒙。学生入学不必经过入学考试，一般只需征得先生同意，并在孔老夫子的牌位或圣像前恭立，向孔老夫子和先生各磕一个头或作一个揖后，即可取得入学资格。

私塾规模一般不大，收学生多者二十余人，少者数人。学识渊博的私塾教师，能够从幼学启蒙一直教到参加全部科举考试，且不分等级。就学生言，却要严格地划分等级。

私塾教育的内容大致分以下几个阶段：一是启蒙教育，即识字教育，约一至二年；二是读书教育，约三至五年；三是开讲、开笔作文教育，约五至八年；四是八股文完篇、练习揣摩、参加科举考试阶段，约八至十年；五是不断温书，不断练习作八股文，争取考中秀才、举人、进士。

旧时识字课本《七言杂字》中这样写道：“用上十年好功夫，进个秀才不费难。”

大抵六七岁儿童，进书房识字读书，不间断地学习十年左右，到十六七岁时，就可以熟读《五经》《四书》《神童诗》《唐诗合解》之类，再读一定数量的八股名文，就可学会写八股文、试帖诗。才智聪明一点的人，就可以考中一名秀才了，俗名“进学”，其年龄低可以到十三四岁，大可达二十出头。

为了早日实现父亲的期望，为三代都以卖豆腐为生的王家争一个秀才、举人名头，王致和不分昼夜、废寝忘食地刻苦攻读。白天，一袭长衫方巾，在孔老夫子圣像前深揖一礼，一副知书识礼的儒童模样，跟随先生一遍遍地读《三字经》《百家姓》《千字文》；下学归来，又换上一身布衣短裤，在豆腐棚里拉磨、点卤，学习磨豆腐的技艺……日月轮回，春秋更迭，小小豆腐棚成了王致和潜心耕读的“书斋”，从《论语》《孟子》《中庸》《大学》到《诗》《书》《礼》《易》《春秋》，他一边手推磨，一边口吟诵，分不清日暮晨昏，辨不清书香豆香，与他形影不离的，除了那口光滑的石磨，就是日夜围着石磨打转的那头老灰驴……

王致和深知，自己身上肩负着父母的殷殷厚望，只有加倍刻苦，考取功名仕途，才能实现父母和先生的愿望，改变王家几代从商、辛苦经营的命运。

十年光阴如流水，多少辛苦不寻常。王致和历尽十载寒窗，先后通过了县试、府试、院试，从童生到秀才，一步步地走上了千年封建科举制为他铺设的必经之路。

话说王致和每天到书院读书，都要经过仙源镇东门的那座石桥，站在用条石垒筑的石板古桥上，葱翠起伏的山峦尽收眼底，桥边的野柳枝上，叶芽初绽，嫩黄青绿，不时隐约可见村里拔笋采蕨人的身影。王致和每每走到这里，都要停下脚步玩耍一阵子，时而凑近桥墩下的石潭，看几只水凫在嬉戏；时而用河边特制的鱼笼，打捞着小鱼小虾；时而什么也不做，就那么静静地看着远去的流水，悠闲地发会儿呆……

石桥

石桥下湍湍的水流，便是当地人口中常说的“母亲河”——麻川河。麻川河，又名东埠河，由汤岭东面发源，合黄山东南两面之水，迤逦千峰，汇聚沿路各山诸水，始入仙源。

据《仙源古县志》记载：“麻川河，山高水深，驾飞虹于水上有濠梁之景焉。”其雄伟壮观可见一斑。晚唐诗人杜荀鹤在仙源一带游历麻川后，曾作五言诗一首《题麻溪》：

麻川清见底，似入武陵溪；两岸山相向，三春鸟乱啼。
酒旗和柳动，僧屋与云齐；即此吾乡路，怀君梦不迷。

安徽太平县现存的古桥很多，风水学里有一句千古名言："山管人丁，水管财"。皖南村落布局中强调风水，特别注重水口建设。"水口者，乃地之门户，一方众水所总出处也。"水之汇聚处就是财之汇聚处。水口也就自然而然地成为村落的咽喉，被看成关系到村落人丁财富的兴衰聚散。麻川河蜿蜒曲直，自东南绕老城流经水东、仙源、麻村，与南门河汇集后，出城向水东方向流去。为了留住财气，扼住关口，先人们便在此修建石桥，桥面一横一竖，桥洞一圆一方，宛似古代的钥匙。气势雄厚的"锁钥"，聚集了财源，锁住了"生气"，也为商贾和百姓的出行提供了便利。

石桥，麻川河……王致和听着先人口中辈辈相传的传说，踏着桥上的石板路，走过了三千六百五十个日暮晨昏，昔日稚嫩的蒙童，已变成举止翩翩、儒雅斯文的青年。

这一日，王致和读书闲暇，又信步来到石桥边，远处峰峦起伏的青山，脚下缠绵不绝的流水，仿佛在为他的人生铺设着锦绣前程，望着家乡的一草一木，王致和不禁诗性大发，脱口而出道：

久饮麻川水，复上石板桥。来日乘风起，我亦为凤凰……

短短几句诗，凌云壮志可见一斑。正在这时，从桥的另一端走来了一位长衫飘飘、两鬓花白的老秀才，年纪五十岁左右，一副饱经沧桑的模样，听到王致和吟咏的诗句，不禁放声大笑起来，王致和躬身一礼道：

"老先生，您因何发笑？"

"年轻人，我笑自己当年也和你一样，年轻气盛，未能阅尽人生的况味！”

“那后来呢？”

“后来——就梦醒还乡喽——”

老秀才说着，背起双手，慢慢悠悠地踱步而去，远去的背影渐渐消失在重重山影间，王致和只听远处又传来了老秀才的浅唱低吟：

问心只饮仙源水，回首心无俗浊泉……

或许，年少气盛的王致和，当时并没有读懂老秀才的无奈与那份抛却名利羁绊的超然，他在心里暗暗地嘀咕着：“燕雀安知鸿鹄之志！我王致和决不像这老秀才一样，老大无成复还乡……”

家乡的山水，是源起，亦是归途。阅尽千帆，历尽跌宕，人们终会发现，这一生最澄澈、明朗的牵挂，永远在梦开始的地方。也许转了一圈，又回到了起点。石桥下，川流不息的麻川河水，终会引着王致和经疾风，历骤雨，阅尽人生繁华，最终水落石出，云淡风和……

在描述仙源的时候，有人曾充满豪情地写道：

在仙源，一块石头、一泓碧水、一座古桥、
一眼古井、一首古诗……都是岁月留痕，
生命永驻，闪耀着千年历史的光辉，
让人欣赏，让人品味，让人回眸那逝去的碧波……

数百年过去了，如今的仙源已经成为人们心中对世外桃源由衷向往的旅游目的地。更令人欣喜的是，2017 年，仙源镇政府着力修建“王致和纪念馆”，将王致和作为当地的文化标识，希望将仙源打造成彰显昔日太平县繁华的文旅胜地。

由于史料中对王致和生卒年月，以及身世经历的介绍寥寥，笔者心中一直有一份忐忑：当年的安徽太平县是否真的有这样一位传奇的落第举人？而如今地方政府斥资修建“王致和纪念馆”的讯息，则打消了笔者的重重疑云，这位求官难成却意外成就百年品牌的徽州读书人，终于得以正名立身。

今天，当人们津津乐道地吃着“王致和”臭豆腐，游赏着王致和的家乡黄山区仙源的历史古迹，谁又能想到，当年石板桥上意气风发的读书郎，竟然成了康熙年间声名四海的“东方奶酪”创始人，上演了一段惊天动地的“中国故事”，而仙源这块飘摇着千百年“徽”字招牌的历史古镇，也和一“臭”越百年的“王致和”臭豆腐一起，插上了文旅相谐、拥抱世界的双翼。

第二节

前世不修生徽州 贾而好儒走天下

王致和的家乡仙源，今隶属安徽省黄山市黄山区，以如今的眼光来看，依山而居的秀丽风景，加上当地得天独厚的徽州风土人文，非常适合开发文化和旅游产业。在麟凤桥上走一走，麻川河畔站一站，遥望着云雾缭绕的黄山，听一听“臭豆腐”创始人王致和流传三百余年的故事，仿佛时光凝滞，置身于世外桃源。

当年，仙源虽然只是安徽太平县的一个小镇，却并不闭塞，由于地处徽州境内，深受徽商文化影响，很多人都具有开拓意识和灵敏的经商头脑。

徽州，简称“徽”，古称歙州、新安，自秦朝置郡县以来，已有两千余年的历史，曾先后设新都郡、新安郡、歙州等，宋徽宗宣和三年（1121 年），改歙州为徽州，历元、明、清三代，统“一府六县”，即歙县、黟县、休宁、祁门、绩溪、婺源，除婺源今属江西省外，其余今皆属安徽省。清朝时隶属江南省，康熙六年（1667 年）江南省分治后，取江宁府（今南京）、苏州府首字，改称为江苏省；后取安庆府、徽州府（今黄山）首字，称为安徽省。1987 年，国务院批准改徽州地区为黄山市。

读者朋友不禁要问：王家祖上世代靠磨豆腐为生，虽不是富贾一方的大徽商，却也衣食安稳，不愁生计，为何父母偏要让小小年纪的王致和头悬梁、锥刺股，受寒窗十载之苦呢？这个问题说来简单，但细细推敲，就不能不提徽州这片土地与其所孕育而出的中国三大商帮之一的徽商与生俱来的“贾而好儒”精神。

明清时期，徽州地区流传着一句民谚：“前世不修，生在徽州。十三四岁，往外一丢。”

这话读起来有些辛酸，说的是徽州男子到了十三四岁就要背井离乡，外出当学徒学做生意，形象地反映了徽州人当时的生存处境与心理状态。

《致和进京赶考》插画

明末清初杰出思想家顾炎武也曾说过：“徽州中家以下皆无田可业。徽人多商贾，盖其势然也。”就是说，徽州人大多出身于贫困山区，无法靠种地生存，不得不弃农从商，远走他乡。这便是徽州历史上从商风俗与鼎盛徽商形成的根源所在。然而这种现象的形成，还要从六百年前的元朝末年说起。那时，中原地区战乱不断，大量人口涌入徽州，一时间耕地稀缺，徽州百姓陷入了“非经营四方而绝无活路”的生存困境。为了谋求生计，很多徽州人在十来岁时就不得不离开家乡，外出当学徒，以求发家致富，光宗耀祖，学不成誓不归家。

灰墙白瓦古徽州

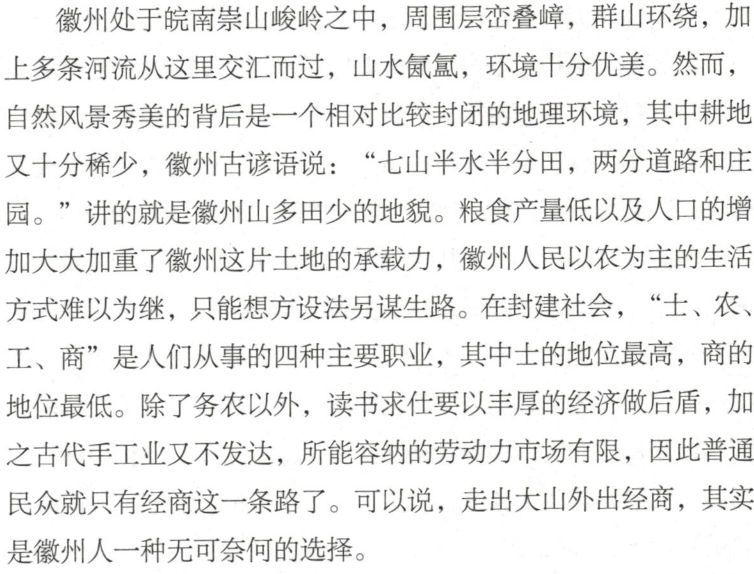

徽州处于皖南崇山峻岭之中，周围层峦叠嶂，群山环绕，加上多条河流从这里交汇而过，山水氤氲，环境十分优美。然而，自然风景秀美的背后是一个相对比较封闭的地理环境，其中耕地又十分稀少，徽州古谚语说：“七山半水半分田，两分道路和庄园。”讲的就是徽州山多田少的地貌。粮食产量低以及人口的增加大大加重了徽州这片土地的承载力，徽州人民以农为主的生活方式难以为继，只能想方设法另谋生路。在封建社会，“士、农、工、商”是人们从事的四种主要职业，其中士的地位最高，商的地位最低。除了务农以外，读书求仕要以丰厚的经济做后盾，加之古代手工业又不发达，所能容纳的劳动力市场有限，因此普通民众就只有经商这一条路了。可以说，走出大山外出经商，其实是徽州人一种无可奈何的选择。

“一生痴绝处，无梦到徽州。”我们今天读汤显祖的这两句诗，更多体味的是徽州山水的诗意氤氲，但是在当年，它却是蕴含着沉甸甸的无奈与悲辛。六百年前的徽州人是不幸的，社会动荡让他们不得不离开家乡，另谋生计；然而他们又是幸运的，正是这种生存环境的无奈，造就了特立独行的徽商。

明清时期，中国先后兴起了十几个商帮，主要有按地域划分的徽州商帮、山西商帮、潮州商帮等。徽商，俗称“徽帮”，是徽州（府）籍商人的总称，与潮商、晋商，并称中国历史上的“三大商帮”。徽商崛起于皖南山区，活跃于南宋，早期多利用丰富的木材资源，用于建筑、油漆、桐油、造纸等外运的大宗买卖，也有的将祁门红茶、婺源绿茶等特产外销。唐宋时期，除了竹、木、瓷土和生漆等土产，歙砚、徽墨等文房四宝相继问世，进一步推动了徽商的发展。明清时期，资本主义萌芽形成，徽商达到鼎盛之势。在当时的历史条件下，徽商敢于冲破封建藩篱，打破重农抑商的禁锢，驰骋四海，称雄商界300多年，赢得了“无徽不成镇”的美誉，这在中国经济史上无疑是一道独特的风景。

据《晋书》记载：“徽州人好离别。”二十世纪九十年代初，安庆黄梅戏剧团进京演出的黄梅戏《徽州女人》，讲的就是徽州男人抛下新婚妻子经营四方，徽州女人深居幽巷，一生苦守的凄婉故事。很多徽州商人一生驰骋四海，直到鬓发斑白才回到家乡，离别与等待，失落与希望，慨叹与惆怅，不知成了多少徽州人家悲苦命运的主题。特殊的历史条件不仅造就了徽州人“少小离家老大回”的命运，同时也养成了他们“贾而好儒”的思想观念。

徽商是中国众多商帮中，群体文化素质相对较高的一个商帮，素有“十家村落、不废诵读”的美名。其原因在于，徽州地区深受南宋朱熹“程朱理学”思想的浸润，重教兴学，徽州人从小便接受传统文化教育，奉行“温良恭俭让”（温顺、和善、恭敬、节制、谦逊）的处世之道，徽商人家尤其崇文、重教、孝亲、讲理，强调“五谊并重”（族谊、戚谊、世谊、乡谊、友谊），很多人家的门楣上，都张贴着“几百年人家，无非积善；第一等好事，只是读书”这样教化意义深远的楹联。

徽商以“贾者力生，儒者力学”为基础，在经商理念中，潜移默化地融入了中国封建社会主导的儒家思想。他们吃苦耐劳，性格坚韧，尤其喜欢思考，常常白天经商，晚上读书，不仅熟读“四书五经”，而且下功夫钻研传统商业，更注重任用腹有诗书的儒雅之士，还将自己在经营中摸索出的成功经验，加以总结，撰写成书，泽被后人。

据史籍记载，徽商经营之域极其广博，“诡而海岛，罕而沙漠，足迹几半禹内”，因此也拥有了“徽骆驼”的美誉。大多徽商因为从小本起家，经过一番艰苦奋斗，才成为富商大贾。所以，他们大都讲究“致富思源”，特别珍惜得来不易的财富，并且在日常生活中保持着艰苦朴素的作风。而他们能够成为一个体系，不仅靠节俭，更靠诚信。举例来说，明清时期，随着航船货运日渐繁盛，到安徽屯溪老街经商的人日益增多，商铺、饭庄、客栈、茶号竞相修建。人和铺子一多，难免鱼龙混杂，保不齐就有人在里面搞手脚，做些缺斤短两、以次充好的事情。这时候，老街上有远见的良心商家想了个办法，他们约定：各家店铺无论经营何种买卖，都要在每件出售的货品上，盖上自家的印鉴，这样一来，有哪家店在背后搞点小动作，很快就会被识破，想要继续在老街上混下去就很难了。

凭借诚信建立起信誉之后，徽商便考虑长远发展，他们不仅自己“读万卷书，行万里路”，还乐善好施，大力兴建学堂会馆，热心社会公益，将“贾而好儒”的思想理念，体现在经营、用人、生活等方方面面。一言概之，徽商见利思义、以诚为本、重德尊儒，以礼接物，以智求赢。这也使他们在经商过程中获益良多，首先，通过自身彰显的儒贾之风，得以与文人学者及政府官员进行沟通，甚至结成友谊，从而获得了一定商业经营方面的便利和政治的庇佑；另一方面，徽商文化素质的提高使得他们善于从历史上汲取丰富的从商经验，准确地判断商业形势并减少决策的失误。也因此，徽商在商业道路上才得以乘风破浪、脚踏四方，称雄商界百年而不衰。

上述林林总总，罗列繁复，不过是为了说明一点：王致和生长在徽州这片土地，他的精神追求，人生信仰，处世哲学，自然而然地秉承了徽州人的精神内质，了解了上述这些历史背景，我们就不难理解，王致和的父亲为何要把这个“豆腐郎”送到私塾读书，以期他将来闻达于仕途，光宗耀祖，改换门楣了。

“贾而好儒”，是徽州文化传统浸润的结果，也是社会现实逼迫的产物，因为“读书求仕”始终是封建社会百姓根深蒂固的思想和主流追求，这是徽州人于艰难环境中必走的出路，既然“前世不修”，这一世总要搏一搏，闯一闯，这不仅是王致和个人的机遇所决定的，同时也是徽商这个特殊群体在那个时代的共同命运。所幸，王致和在历经人世跌宕后，走出了一条不同寻常、柳暗花明的阳关大道，这些在后面的文章中自有备述。

第三节

徽州第一怪
豆腐长毛上等菜

既然讲350年中华老字号“王致和”臭豆腐的前世今生，自然免不了说一说豆腐。关于豆腐制作的起源，史料记载中不一而足，历代文人墨客留下的咏豆腐诗更是不胜枚举。

宋代大词人苏轼曾作《蜜酒歌》云：“脯青苔，炙青蒲。烂蒸鹅鸭乃瓠壶。煮豆作乳脂为酥，高烧油烛斟蜜酒。”

作为豪放派词人中的“美食家”，苏轼无论被贬到何地，都会寄情于美食，而他对豆腐更是情有独钟，每次吃时还要配上肉脯、鹅肉、鸭肉和蜜酒。

明代诗人苏雪溪亦曾作《豆腐诗》曰：

传得淮南术最佳，皮肤褪尽见精华。
一轮磨上流琼液，百沸汤中滚雪花。
瓦缶浸来蟾有影，金刀剖破玉无瑕。
个中滋味谁知得，多在僧家与道家。

在历代诗人的笔下，豆腐不仅是家家户户佐餐必备的寻常食材，更成了他们抒发理想与情操、寄情于外物的精神所托，小小一块豆腐，伴着人生的一觞一咏，一唱一叹，一起一落，这里面的学问可大了去了，足以撑起整个家国天下……

我们知道，臭豆腐是由豆腐经过霉菌发酵后，用盐和花椒腌制发酵而成的豆制品。现在，人们把臭豆腐叫作青腐乳，外国人则把它称作“中国奶酪”。关于臭豆腐独一无二的色香味，史料中另有诗云：

明言臭豆腐，名实正相当；自由不钓誉，于今无伪装。
扑鼻生奇臭，入口发异香；素醇饶回味，黑臭蕴芬芳。

由此可知，臭豆腐的制作需要食材、温度、环境、时间诸多条件适宜，才能达到“闻着臭，吃着香”的口味。那么，王致和作为深受京城老百姓青睐的“臭豆腐”创始人，他的发明是不是偶然呢？臭豆腐被王致和带入京城，扬名天下，是灵光乍现，还是另有玄机？

笔者认为，王致和创制风靡京城的老北京臭豆腐，绝非一件偶然的事！这得益于他幼年生长在徽州，徽州饮食风俗，以及徽菜对他的耳目熏染。

徽菜起源于南宋时期的徽州府（现黄山市，江西省婺源县，以及安徽省宣城市绩溪县），明清时期一度居于中国八大菜系之首。徽州，以其独特的地理环境和温润的气候促成了人们恬淡保守的气质，也孕育出了特有的食物。毛豆腐、臭鳜鱼，徽州人喜食“臭”的习惯源远流长，当地素有“鱼不臭不吃”的传统，这种嗅觉和味觉的鲜明反差与完美融合，成为一代代背井离乡、出外打拼的徽州人记忆深处挥之不去的乡愁。

徽州当地流传着这样几句谚语——“徽州第一怪，豆腐长毛上等菜。”“徽州毛豆腐，打个巴掌也不吐。”

这里说的“徽州第一怪毛豆腐”，或许就是王致和歪打正着发明臭豆腐的来源。

关于毛豆腐的来历，历史上还有个传说。相传，朱元璋一次兵败徽州，逃至休宁一带，腹中饥饿难熬，命随从四处寻找食物，一随从在草堆中搜寻出逃难百姓藏在此处的几块豆腐，但已发酵长毛，因别无它物，随从只得将长了毛的豆腐放在炭火上烤熟给朱元璋吃。不料，豆腐味道十分鲜美，朱元璋吃了非常高兴。转败为胜后，他下令随军厨师制作毛豆腐犒赏三军，“毛豆腐”遂在徽州流传下来。

毛豆腐的做法并不难，徽州人将白豆腐切块后，平整地放在竹条上，每块之间必须留有足够的间隙，周围的温度保持在15～25℃，经过3—5天的发酵，豆腐表面长出均匀细密的白色绒毛。这些白色的细丝是毛霉菌的菌丝，毛霉菌分泌蛋白酶，让大豆蛋白降解成小分子的肽类、多肽和氨基酸。这一系列转化赋予了豆腐异乎寻常的鲜美，菌丝间细小的颗粒是散落的孢子，那是毛豆腐成熟的标志。

徽州毛豆腐

老徽州人把毛豆腐这种独特而浓郁的味道称之为“家乡的味道”，吃法可繁可简，简单地在火上一烤，待颜色金黄后刷上一层朱红的徽州辣酱，用筷子夹起一块，放入嘴中，牙齿一咬，浓郁鲜香的汤汁在嘴中崩裂，跳着舞，旋着圈，舌尖瞬间被这鲜美香辣的味道征服。除此之外，清炒毛豆腐，红烧毛豆腐，皆是徽州人家佐餐下饭的家常菜，唇齿间余留的“臭”味，醉了四时天地。

了解了徽州名菜毛豆腐的缘起，我们不难推测，王致和在京城的妙手偶得，是偶然中的必然；换言之，这是徽菜与老北京文化的一次碰撞交融，天时、地利、人和，三者皆备，加之王致和自强不息，不向命运低头的精神，使臭豆腐得以应运而生。

第四节

王致和新婚小登科
曹春雨初嫁结伉俪

春天的古徽州，青山远黛，烟雨蒙蒙，飞檐翘壁的古巷深处，必有深藏千年的故事，而这故事，多半与徽州女人有关。徽州男人弱冠离家，或经商，或求仕，徽州女人独守高墙深宅，上侍奉公婆，下抚养儿女，操持宗族一家的生计，惟一的寄托就是丈夫衣锦还乡，夫荣妻贵。

据《知新录》记载：“徽郡好离家，动经数十年不归……”

另有史料记载道：“徽州业贾者什家而七，赢者什家而三……”

离家闯荡的徽州男人，不是所有都能锦衣而归，有的不幸客死他乡，有的穷困潦倒不能回家，就算回来，也是隔了十年甚至几十年。“一世夫妻三年半，十年夫妻九年空。”说的就是徽州女人们凄然悲情的宿命。

据清代雍正年间《歙县黄氏宗族家训》中记载：

> 风化肇自闺门，各堂子孙当以三从四德之道训其妇，使之安详恭敬，俭约操持……并不得出村游戏，如观剧，玩灯，朝山，看花之类。

特别强调对女人三从四德的约束，“奉舅姑以孝，侍丈夫以礼”“出嫁从夫，以夫为天”，出嫁后只能待在家中侍奉，一律不得外出。

徽州这个地方有两多，一是宗祠多，二是牌坊多。宗祠是男人们议事的地方，女人一生只有出嫁和出殡才可以进宗祠；而牌坊，则是徽州女人拼尽一生血泪赢得的无上“殊荣”。

徽州古牌坊

明清时期，程朱理学盛行，尤其在徽州地区，彪炳着“忠孝节义”的伦理道德思想极其严重，认为女人应该从一而终，即便丈夫经年不归，甚至客死他乡，也要做贞洁烈妇，为宗族争一座贞洁牌坊，“旌表德行，承沐后恩，流芳百世”。因此，徽州婆婆们经常挂在嘴边的一句话是：“我将来是要进祠堂，竖牌坊的。”

据说，徽州历史上最后一座贞节牌坊，修建于清光绪三十一年（1904 年），牌坊的匾额上，刻着一行令人触目惊心的文字：

徽州府属孝贞烈节六万五千零七十八名。

曲剧《王致和》曹春雨定妆照

六万五千零七十八，这是多么令人锥心的数字，预示着，在那白云悠悠、灰瓦白墙的古徽州，有多少个如春花般娇艳欲滴的生命，还未来得及绽放，就被蹂躏在千年古牌坊下，“零落成泥碾作尘，只有香如故”……

写下上述这些文字，是为了引出笔者故事中与王致和命运紧密相连的一个徽州女人。她同样生在徽州，嫁了一个“张贾以获利，张儒以扬名”的徽州男人，同样经过无尽的思念与漫长的等待，所幸，她是不幸中的幸运者，凭借自己的坚强与睿智，等来了柳暗花明，等来了明艳春光，她，就是臭豆腐创始人王致和生命中的那个徽州女人——曹春雨。

在徽州，男子到弱冠之年（20 岁）、女子到及笄之年（15 岁），就会有人拿着庚帖上门说亲，看男女双方的八字是否相合，男方把女方家送来的大红庚帖放在厅堂的佛龛上，如果三天之内家中平安无事，就可以下聘定亲。

徽州当地民风淳朴，崇尚良风美俗，婚俗严格恪守儒家传统的“六礼”，即纳采、问名、纳吉、纳征、请期、迎亲；男女婚配要依从“父母之命，媒妁之言”“尚门阀，齐年齿，下达之后，六礼必备”，格外讲究“门当户对”，男方的家境要略高女方一等，以求将来靠着夫婿家夫荣妻贵，光耀门楣。

这一年，王致和整满二十岁，十年寒窗苦学，考了童生，中了秀才，正准备参加第二年秋天在南京举行的乡试。为了让他早日安心立业，腾达功名，父亲王老实为儿子选定了一门亲事——仙源镇财主曹向前的女儿曹春雨。这曹家也是小门小户，虽然祖上有些家产，但因田少地薄，膝下无儿，所以一心想给女儿攀一个乘龙快婿，嫁个读书的秀才、举人，将来闻达仕途，夫荣妻贵。早听说“王记”豆腐坊有个才华过人、饱读诗书的“豆腐郎”，来年秋闱赴试定是前途无量，曹财主忙不迭地把庚帖和彩礼送了去，巴不得早点儿当上解元公的老丈人。

这一天，王家红灯高挂，鞭炮齐鸣，四个轿夫抬着一顶颤悠悠的花轿，伴着唢呐锣鼓，一路过了石桥，径直抬进了豆腐坊。按照徽州当地风俗，新娘下轿时双脚不能沾地，要由新郎抱着进门。新人的喜榻上撒满了红枣、花生，桌子上摆着红鸭子、百子糕，地上放着女方陪嫁的红漆桶和两盏灯，花烛当夜新郎要把灯点亮，寓意“发灯”，将来人丁兴旺。

喝过交杯酒，饮过“四道茶”（徽州风俗），借着摇曳在月光下的荧荧灯盏，一袭新郎倌装扮的王致和，用挑杆掀开了新娘的红盖头，一个面若春花、笑靥温婉的徽州女子出现在他眼前：

桃之夭夭，灼灼其华。之子于归，宜其室家……

一介书生的王致和，心头瞬间泛起阵阵涟漪，男人寒窗苦读，为的是功名前程，书中自有黄金屋，书中自有颜如玉，家有贤妻，一颗飘摇的心才感觉踏实温暖，才能安心立业，驰骋天下。

春雨——

王致和温柔地叫着妻子的名字，仿佛悠游在徽州春天漫山遍野盛开的杜鹃花丛中，沐着蒙蒙细雨，一生一世一双人，相携而行。

再说曹春雨，虽然不是生在豪门大户，却也有些行止见识，凡事都有自己的主见，是个性情温婉、外柔内刚、通情达理的女子。从小生在徽州，春雨从老辈人口中听到太多关于徽州女人一生痴守的凄婉故事，她从心底里不想做一辈子苦茧缠身的徽州女人。出嫁前，父亲像念经书一样在自己耳边念叨着：

嫁个解元公，平步青云路亨通；嫁个状元郎，诰命夫人稳稳当……

母亲手捻着如意珠，一遍遍地对曹春雨说着：

曹家女，只为簪缨拾阶履，不为黎庶缀白衣……

听着父母双亲不厌其烦地磨叨，春雨嫣然一笑，风清云淡地说道：

爹，我娘盼了一辈子诰命夫人，到头来还是痴梦一场，咱们这地方，一辈子盼死，等死，熬死的女人还不多吗？只要王致和人好，肯干，我们夫妻和睦，我就是跟他卖一辈子豆腐又怎样！

曹春雨能有这样的胆识思想，并非偶然。这得益于明清时期徽州地区崇文重教的风俗，一些开明之士的家训中强调，女性所受文化知识教育应与妇德教育相结合。“女子最要先明大义，如《孝经》《论语》及《教女遗归》等书，皆宜课女儿读”。因此，曹春雨身上既具有传统徽州女人隐忍、贤淑、善良的美德，又不乏自己独立的见识思想，不甘任人摆布，听之任之。

嫁到王家后，曹春雨对丈夫处处体贴入微，夫妻俩相敬如宾，恩爱和睦。白天，她帮着公婆忙豆腐坊的生意，浆洗缝补，挑水做饭；晚上，守在丈夫身边端茶奉汤，有时王致和读书到深夜，她就静静地坐在旁边做针线，一灯如豆的豆腐坊里，书香，豆香，茶香，处处是似水流深的爱……

说到王致和与曹春雨的姻缘，这里还要特别说一下徽州婚俗中的“四道茶”。明代许次纾在《茶流考本》中说：

茶不移本，植必生子。

徽州民间结婚以茶为礼，取其“不移志”之意；以茶行聘，寓意夫妻感情“坚贞不移”“白头偕老”。这种风俗，起源于唐宋，盛行和发展于明清。四道茶分别是，拜堂时敬公婆的“孝顺茶”、拜堂之后的“甜茶”、送入洞房的“盼喜茶”、向家中长辈请早安的“亲亲茶”。

嫁过门后，曹春雨见丈夫每日手不掩卷，读书辛苦，生怕他熬坏了身体，于是就在“盼喜茶”中加些枣子、核桃、桂圆、蜜糖，早晚间煮给王致和喝。

这天，王致和照例读书到深夜，忽然感觉身体困乏，随手端起春雨刚刚煮好的茶，品咂了一口，顿觉香暖无比，困意全消，一时间精神大增，冲口而出地吟哦道：

王致和，昨日新婚小登科，明朝皇榜大登科——

曹春雨见丈夫一副书生意气的模样，觉得又可爱，又心疼。

致和，为妻不盼着你大登科，只要与你平安度日，就知足了。

王致和扶着春雨的香肩，踌躇满志地说：

春雨，致和十年苦读，为的就是光宗耀祖，改换门庭，都说女子“以夫为天”，你放心，来日名登科榜，致和一定带你飞出

曲剧《王致和》王致和定妆照

曲剧《王致和》剧照

豆腐坊，让你看看外面的天！

听着王致和胸有成竹的话，曹春雨丝毫没有喜出望外，她静静地想了片刻，从衣袖中掏出一个鼓鼓囊囊，绣着“花开并蒂”纹样的香囊递到丈夫手上。王致和打开香囊一看，里面装着一枚山核桃。正在王致和费解其意时，曹春雨娓娓地给丈夫讲起了一个徽州当地流传已久的故事：

有一个娴静美丽的女子，出嫁的那一年，她 15 岁，村里人都叫她五嫂。婚后第七天，像无数徽州女人一样，五嫂目送丈夫踏上了行商之路。丈夫走后的第一年，五嫂在供桌上的瓷瓶里郑重地放进了第一枚山核桃。只要丈夫不回来，她每年都要往瓷瓶里放上一枚。五嫂相信，“鸟儿要归林，核桃树有根。”丈夫会按他们的约定回来。

春去冬来，瓷瓶里的山核桃在一枚枚增加，丈夫却一直没有回来。五嫂站在村口的香樟树下，望着江面过往的商船，幻想着丈夫会从某一条船上走下来，与她一起沿着熟悉的乡路回家。

日复一日，瓷瓶里的山核桃漫过了瓶口，苦苦煎熬的五嫂熬成了五婆婆。终有一天，噩耗传来：丈夫在一次贩卖木材途中，不幸落水身亡。五婆婆跪在江边，把瓷瓶里的山核桃一枚一枚抛入江中，泪水一如江水，滔滔不绝。

一世夫妻只有七天，这就是五婆婆的故事，也是徽州女人的故事。

春雨讲着讲着，不觉簌簌地落下泪来，她拉起王致和的手，含情脉脉地说道：

致和，女人家嫁丈夫，都盼着夫家高官得中，鲲鹏万里，可是自古来考官、做官的，又有几个一帆风顺！

春雨不做五婆婆，致和你更无须做“蔡五郎”，能考中功名固然好，若是考不中，咱们夫妻一起经营豆腐坊，朝暮晨昏，一家人团团圆圆在一处，岂不比做诰命夫人强百倍！

这枚山核桃你戴在身上，来日不管走到哪儿，都当是春雨在心心念念地盼着你，早点——回家！

王致和情不自禁道：

春雨——

听了妻子暖心的宽慰，王致和把那枚山核桃紧紧地攥在手心，而几年后，他竟然真的带着曹春雨飞到了外面的世界，撑起了一片改头换面的新天。当然了，这是后话，此时，王致和还是踌躇满志准备科考的秀才，即将迎来人生中的另一件大喜事。

第五节

江南贡院 出了个“王解元”
乡试夺魁

康熙七年（1668 年）八月仲秋，黄山脚下，桂子飘香。仙源镇王记豆腐坊里人头攒动，热闹非凡，乡亲们纷纷拿着自家的土特产，什么稻米、腌肉、老酒，还有徽州府有名的臭鳜鱼，来给王老实一家道喜。

“中啦，中啦，豆腐郎名登‘桂榜’，成了解元公啦……”

“王老实，你儿子这回可出息了，中了举人，还拿下了咱们江南省的头名，明年春闱会试，说不定就成了天子的门生了……”

王老实一面向乡邻们鞠躬道谢，一面对着案上供奉的祖宗牌位三拜九叩。

这真是祖宗的荫德，我王家世代经商，这下终于有望改换门庭，不用再哄驴磨豆腐了……

乡亲们向王老实道喜后，又来向曹春雨道贺，一个个围着春雨，七嘴八舌地说道：

“春雨啊，你是上辈子修来的福分，嫁了个解元公，等致和进京会考中了进士，你就是诰命夫人啦……”

“是啊，将来致和名登金榜，可不能忘了我们这些乡亲啊……”

这一边，乡邻们你一言，我一语，把王老实和曹春雨围得团团转；那一边，曹员外接到喜报后，乐得嘴都合不拢，正扛着一大串铜钱，三步并作两步往豆腐坊走，逢人便一遍遍地念叨：

选个女婿实在好，昨儿是豆腐郎，今日解元叫，明朝进京赴会考，我就是——会元公的老丈人——梦里也要哈哈笑！

一片喧闹声中，已经身怀六甲的曹春雨缄默不语，脸上略带忧容。自从王致和到江南贡院参加乡试，这一个月来，春雨每天晚上都辗转难寐，她那颗心，也随着麻川河汩汩流淌的水波，一路翻滚到了十里秦淮。丈夫能够高中乙榜，不负十年寒窗，固然是举家所盼的喜事，但这其中所受的“劳役之苦”，只有亲身经历过封建科考的人才能体会。

下面，笔者就简单介绍一下清代徽州科考制度及王致和到南京江南贡院参加乡试的始末。

据史料记载，明清时期的徽州“科甲蝉联，海内宗风，官居上爵，代不乏人”，是当时中国科举业最发达的地区之一。徽州人普遍将读书仕进、科甲起家看作最高的价值追求，认为“族之有仕进，犹人之有衣冠，身之有眉目也……万世家风惟孝悌，百年世业在读书”。

徽州是明清时期考中进士最多的府级行政区之一。据统计，清代徽州文进士有 684 人、武进士 111 人。可见，在浓厚的徽州传统文化和传统价值观念影响下，经商谋利只是徽州人解决生存的一种手段，而用经商所得的厚利让子弟业儒入仕、显亲扬名才是终极目标。因此，徽州人广泛创设各级各类教育机构，为子孙科举入仕创造条件。除官学外，徽州民间创设的塾学、义学、书院、书屋、文会等各级各类教育机构遍布城乡各地，形成了“十家之村，不废诵读”的局面。

明清徽州科举教育的发达，不仅为国家培养了一大批“官居上爵”的仕宦、为徽州地区培养出一个有文化的商人群体，而且通过科举教育大大提高了徽州人的整体文化素质，培养出各类人才，形成了“人文辈出，鼎盛辐臻，理学经儒，在野不乏”的徽派文化盛况。

王致和一路走来，进私塾启童蒙，从童生到秀才，再到举人，走的正是徽州人科考进仕的立身扬名之路。然而，这条路表面上看似荣光，却是“十年辛苦涉风尘”，充满了常人不知的窘迫与辛酸。

读书进仕的科举生员们历经十年寒窗，分别要通过四个级别的考试，即院试、乡试、会试、殿试，最后才有机会被朝廷选拔为官员。咱们先说说王致和到江南贡院参加的乡试。

清康熙年间，王致和的家乡安徽仙源归属江南省管辖，乡试仍沿用明南京近畿制，徽、皖两省举子都要到南京应试。乡试每三年一次，逢子、午、卯、酉年举行，又叫“乡闱”，考期在秋季八月，故又称“秋闱”。考试的地点在南京秦淮河畔的江南贡院，考试共分三场，每场考三日，分别于八月九日、十一日和十五日进行，三场都需要提前一天进入考场，考试后一日出场，因此考生们要在贡院里待上整整九天八夜。

提起江南贡院，那可是中国古代规模最大、影响力最深远的科举考场。江南贡院始建于宋乾道四年（1168 年），又称南京贡院、建康贡院。据史料记载，江南贡院“面秦淮，接青溪，远挹方山，气象雄秀”。清同治年间，为笼络士子、争取民心，曾国藩重修江南贡院，并定于同治三年（1864 年）十一月举行乡试，消息一经传出，当年就有两万考生拥进南京城，江南贡院达到了鼎盛时期。此后，江南贡院几经增扩，仅用于考试的号舍就有 20644 间，创中国古代科举考场之最。从贡院落成到晚清科举制度废除，江南贡院共为国家输送了 800 余名状元、10 万名进士、上百万名举人，于是有“天下英才，半数尽出江南”一说。

江南贡院号舍

江南贡院明远楼

康熙七年（1668年）八月，“豆腐郎”王致和与全省两万多名秀才一起，站在江南贡院门前的一对石狮子前，面朝书写着“明经取士”“为国求贤”八个大字的牌坊，一个个正襟整冠，屏气凝神，手挎着考篮，心情忐忑地等待着，待点名后，各州县生员按时辰进入贡院。

贡院内外戒备森严，考生们进入贡院要经过三道门，每道门都有官兵把守，要对考生进行搜身，对其携带的衣服、笔墨、油灯、食物等进行严格检查。因为考试时间长，历时九天八夜，答题、吃饭、睡觉、如厕都在号舍里，考生们一般都会带些大饼或月饼之类坚硬的糕点，防止变质。为防考生在食物中夹带作弊纸条，在他们进考场时，卫兵会用刀将糕点全部切成一寸见方。在过最后一道“龙门”时，如果查出夹带违禁品，则前面两道门的兵丁都要被治罪，违禁的考生将被革除一生的功名，还要被捆绑在贡院门前的木柱上示众两个月。

为防止考场内外串联作弊，贡院的外面建有两道高墙，内外两层围墙的顶端布满了带刺的荆棘，因此贡院又被称作“棘闱”，围墙的四角又建有四座两丈多高的岗楼，有专门的兵丁把守，围墙的外面留有一圈空地，严禁百姓靠近。

九天八夜，考生们犹如入笼之鸟，被“囚禁”在方寸大的号舍里，手握毫锥，作着关乎一生命运的八股文章。每排号舍的尽头有一间粪号，谁去上厕所不能说话，只能用牌子来表示，牌子正反两面都有字，一面写着“入静”，另一面写着“出恭”。号舍左右两壁砖墙在离地一二尺之间，砌出上下两道砖托，以便在上面放置上下层木板。白天考试，上层木板代替桌案，下层木板为坐凳，供考生坐着答题，夜晚则取出来当睡觉的床。因号舍长度只有四尺，人睡下去连腿都无法伸直，只能蜷曲成一团，而且号舍没有门，风雨来时，考生还要自备油布作门帘。

八月秋闱，正是南京城天气最炎热的时候，考生们吃住全在狭小的号舍里，加上精神高度紧张，经常有考生因中暑生病、食物中毒而意外死亡，更有甚者，则是被藏在号舍屋檐处的毒蛇咬死。

根据规定，考试期间贡院大门紧闭，一概不得出入，这些不幸亡故的考生尸体就被抛在一旁，等待考试结束后处置。

方寸号舍，白天炎炎酷暑，夜来风雨交加，号舍内外混杂着汗湿衣背、食物发霉与粪便交织的各种味道，王致和就在这样的环境下，奋笔疾书，挥洒着十年苦学的翰墨文章。难怪千里之外的仙源家中，曹春雨从早到晚都为丈夫悬着心，身如囚徒的劳役之苦，还有各种难以预料的命运无常，这是徽州男人们心心所念的仕途之路，更是徽州女人们魂牵梦萦的悲喜人生。

……

这天，正是康熙七年（1668 年）八月十五日，鏖战了整整九天八夜，王致和做完了第三场的应试文章，轻轻吹干考卷上面的墨迹，而后站起身来，狠狠地伸了一个懒腰。他抬头一看，一轮满月高悬，清辉流泻，分外醉人，才想起今天是中秋团圆日，想起家中身怀有孕的春雨，不觉神思缱绻。

放牌了——

王致和向门外的考官示意。待其他号房的若干人完卷后，他才可以打开栅栏门。王致和趔趔趄趄地走出号舍，感觉四肢都硬邦邦的，交卷的地方在公堂，收卷官每收一卷，发给考生一签，待交卷的考生集结有千百人时，才统一打开龙门和贡院大门一次。

望着秦淮河畔的那轮皓月，王致和不由得心醉神驰，这一年一度的中秋团圆夜，他多想挽着春雨的纤纤素手，绿波桥上双照影，一生一世一双人……

九月初，桂花盛开，乡试放榜。主考、监临、学政、房官、提调、监试等人聚集在公堂之上，每人手里都有一份草榜。每拆一卷，由执事官朗诵小讲，互对无误，即照写榜条，呈正副考官。副考官在朱卷卷面第几名下书写姓名，交书吏唱第几名及某府、某县、某生等。唱榜完毕，各省由专人载以黄绸彩亭，用鼓乐、仪仗、兵丁护送，于巡抚衙门前张挂。

“江南省仙源县王致和，正榜第一名——”

……

王家豆腐坊里，乡邻们的喧哗声尚未散去，曹春雨才从久久的凝思中回过神来。这一次，王致和乡试大展身手，高中乙榜，一举拿下举人的头名——“解元”，不得不说是苍天的眷顾，祖上的庇佑，还有个人的时运，曹春雨心里却五味陈杂，说不清是喜是忧，想着丈夫明年三月就要到京城春闱赴考，待孩子呱呱落地时，丈夫又要饱受科考的劳役之苦，喜忧参半，前途未卜，她的心就隐隐作痛……而此时，王致和正春风得意，和十几位新科举人一起，参加县太爷为他们举行的“鹿鸣宴”。

第六节

“鹿鸣宴”豪言壮语 石板桥执手相别

安徽仙源县县衙，吹腔拍曲，鼓乐齐鸣，一场被称为“科举四宴”之一的“鹿鸣宴”正在举行。

鹿鸣宴，得名于明朝皇帝宴请科举学子以“鹿”为主脯的宫廷御膳，用来表示皇恩浩荡和对人才的器重。鹿一直被尊崇为仙兽，意象为难得之才；皇帝贵为天子，“鸣”意为天赐，故皇帝为东，才子为客的这一御膳被命名为“鹿鸣宴”，意指天子觅才、重才之宴。又一说法为，鹿与“禄”谐音，古人常以鹿来象征“禄”字，寄寓升官发财，而新科入举乃是入“禄”之始，于是取了“鹿鸣”这么一个富有诗意的名字。

古代“鹿鸣宴”彩绘

按照封建科举制规定，乡试放榜次日，各州县长官要为新科举人举行“鹿鸣宴”，也就是为考中举人的考生庆祝、践行的“乡饮酒”宴会，主考、监临、学政、内外帘官、新科举人等都要参加，主考、监临、学政等先行谢恩礼，再由新科举人拜见主考、监临等人，并发给新科举人顶戴衣帽等物，然后入座开宴，无复秩序。饮宴之中，必须先奏响《鹿鸣》曲，随后朗读《诗经·小雅》中的《鹿鸣》歌，跳“魁星舞”，以此展示举子们的才华和抱负。

鼓乐声刚一停下，众举子们就一哄而起，举着酒杯开怀畅饮起来。

“王解元，您是今科乡试的头名，是咱们仙源县众举子的荣光，来来来，满饮此杯！”

“是啊，王解元饱读诗书，才华满腹，来年春闱定能榜上有名，来，我也敬您一杯！”

王致和被众举子簇拥着，一杯杯喝下大家敬来的琼浆玉液，听着不绝于耳的溢美之词，一时间诗兴大发，竟将一篇前无古人、后无来者的《豆腐赋》脱口而出：

夫豆腐者，黎庶之食也。颤巍巍如钟乳荡漾，白嫩嫩似婴股丰腴，色比凝脂，香逾石髓，若玉玺之方正，如奇石之滑润，禀梅托瑞雪之姿，赋月射寒江之态，西子浣纱，难媲其美，王嫱出塞，难描其容；放翁咀玉乳而飞觞，东坡烹甘脂而挥毫，老少妇孺，贫富贵贱，皆可朵颐于筵。呜呼，感天地之造化，慨日月之神奇，玉口噙香，紫云罩体，难诉此中真意……

王致和高举着酒杯，飘飘然地徜徉于筵席之间，一番赞美豆腐的高吟阔论，博得四座喝彩，颇有诗仙李白“斗酒诗百篇”的潇洒气度，众举子一个个听得心驰神醉，县太爷白宜生更是心花怒放，为仙源县能有像王致和这样的人才而欣喜，于是又亲自为他斟满了酒杯，并深情说道：

王解元，你为全县儒林争光，为全省士子争气，本县也觉得脸上有光，这次赴京城会考，你胸中有多大把握啊？

王致和借着微醺的酒意，当着县太爷和众举子的面发出豪言壮语：

王致和此去京师会考，成竹在胸，拼它个连中三元，如探囊取物一般！

白宜生此时也来了兴致，拉住王致和的手，进而追问道：

好！解元公，你敢不敢与本县击掌为誓：倘若此去京师，你金榜高中，我定到十里长亭亲自恭迎大驾，倘若你拿不了进士，又当怎样——

王致和未加思忖，便与白宜生挽袖连击三掌，并当众立下豪言壮语——“不拿进士誓不还乡。”

县太爷白宜生特意安排下二十两银子作为王致和的路费盘缠，并派专门的驿马、驿卒，将王致和一路送到京城。临行前，县太爷丢下一句话：

此去京城会试，县里只管一去，不管一回，若是名落孙山，就由你自筹盘缠了……

众举子面面相觑，有的称赞王致和志在必得，有的窃笑他不自量力，有的则暗自为他的前程捏把汗。消息传到王家豆腐坊，曹春雨听说丈夫在“鹿鸣宴”上立下誓言，不由得惴惴不安起来，暗自埋怨王致和不该如此口出豪言，不留后路。

致和，常言道“人不辞路，虎不辞山”，你如此把话说满，只怕将来难以回头啊——

王致和依旧是信心满满，安慰妻子道：

贤妻只管放宽心，致和此去，必不负众望，榜上有名亦是十之八九！

眼看考期将近，曹春雨忙着为王致和收拾行囊，并一再殷殷地嘱咐丈夫，倘若科考不中，务必返回家乡，不要滞留京城。

按照清朝规制，举人参加会试，必须先由自己提出申请，经审查合格后，各省由布政使司发给咨文赴礼部投递，称为“起送”，各省起送的时间，定为乡试之年的九月至十二月，发给咨文的同时，还发给路费。路费的多少因路程远近而定，多则三十两，少则二三两，除此之外，还发给火牌，凭牌供给驿马一匹，沿途用黄布旗书“礼部会试”四字，史称“公车赴试”。

康熙七年（1668 年）九月，霜林尽染，秋意正浓，王致和与曹春雨在石桥头执手相别，桥下湍急的麻川河水，仿佛在为这对新婚不久的夫妇浅唱低吟着离歌。王老实夫妇、曹向前、曹春雨……亲人们的身影在王致和眼前渐渐模糊，一路马嘶风尘，他已然回望不见石桥上那个久久伫立的身影，却依稀能听见麻川河汩汩的河水，伴着轻柔的呼唤，久久地淌在耳边——

致和，中与不中，春雨都等着你回来……等着你回来……

第二章

Chapter 2

南柯一梦

『落第举人』

北京城绝处逢生

第一节

正阳门下味炎凉 歙县会馆遇知音

康熙八年（1669年）初春，王致和一路轻骑快马、伴着仆仆风尘，终于从安徽仙源赶到了京城。一时间，全国各地的举子纷至沓来，由京西卢沟桥浩浩荡荡拥入京师，过了卢沟桥，进了广安门，便来到宣南一带，这里遍布着大大小小的会馆，最初就是由饱尝科考艰辛的京官们为造福同乡举子而集资兴建的。王致和居住在正阳门以西的歙县会馆，准备参加三月在北京贡院举行的礼部会试。

初到京师，王致和来不及欣赏四九城的气派繁华，便被正阳门外充耳可闻、充满了烟火气的老北京吆喝声吸引住了。

"满糖的驴打滚儿哎——"

"一包糖的豆面糕啊——"

"大小黄酒坛子来换钱——"

"水捆的菠菜来，六个大钱一簇——"

……

说起清代的北京城，民间有句谚语叫作"内九外七皇城四"，内城共设九门，正南为正阳门（前门），左崇文门，右宣武门，东南朝阳门，东北东直门，西南阜成门，西北西直门，东北安定门，

曲剧《王致和》剧照——进京赴考

曲剧《王致和》赵启胜定妆照

西北德胜门；外城的范围则在东便门、广渠门、左安门、永定门、右安门、广安门和西便门之内形成的长方形区域。当时北京城的面积，大约只相当于今天的二环以内，“凸”字形的结构把内城和外城截然分开，内城由八旗旗人居住，外城则成了京师商贾云集、酒肆林立的繁华之地。

王致和居住的正阳门以西一带，正是京城三教九流、商贾小贩云集之所，有挑着担子沿街叫卖的，有提篮、握筐、肩负的，有挑担、推车、持器的，有吆喝着豆汁儿、豆糕、糖饽饽、酸梅汤的，有撑着白布幌子测字看相、代写书信的，也有穿着长袍马褂提笼遛鸟、听戏、喝茶的……形形色色人等不一而足。

王致和一路听着看着，不觉间来到了歙县会馆门前。下马拴鞍后，他整了整衣冠，抬头看见会馆大门的匾额上用正楷大字书写的“歙征聚璀璨光文”一行横文，又望见屋内灯笼高悬，厅外石桌、石凳摆列有序，厅门两侧木柱上皆挂有抱柱楹联，屋内人来人往，操着徽州口音的商人、官僚、举子进进出出。

歙县会馆创立于明嘉靖年间，旧址位于现在的宣武门外大街51号，明代为商馆，清初改为试馆，是为徽州举子进京应试和宦绅在京候差求官提供的临时寓所。

据《歙县会馆志》记载：“吾歙为秦旧县，黄山练水，世毓名贤，程朱遗范，渐摩熏染，情谊深而风俗厚，虽侨居寄籍他郡邑者，类皆不忘其乡……”

这里不但曾是徽籍商人集结之所，还是徽籍官僚、名人云集之处，大学士纪晓岚便是歙县会馆的常客。

安徽仙源县解元老爷王致和到——

随着驿卒的一声吆喝，王致和一领长衫，头戴瓜皮小帽，身后甩着一根乌黑锃亮的长辫，踱步进了会馆大门。

歙县会馆馆长、朝廷礼部郎中赵胜启脸上堆起笑容，向前迎了上去。

哎呀呀，解元公驾临，实乃鄙馆的荣幸，王解元，快里面请……

话说这个赵胜启，仗着自己出身簪缨世家，官居五品郎中，表面上在歙县会馆迎来送往，背地里却是个趋炎附势、媚上欺下的小人，对当官的、有钱人家的举子，总是一副卑躬屈膝的模样，对布衣之家的平民举子，不但颐指气使，还私下克扣朝廷的供应费用。

见王致和一表人才，举止斯文，又是江南省拔了头筹的解元公，赵胜启顾不得问清来历，就张罗着给王致和安排上房。

曲剧《王致和》韩崇礼定妆照

韩老头，冬雪姑娘，你们可得给我小心伺候着，把最好的上房给解元公腾出来，咱们还指望着王老爷名登龙虎榜，为我们这小会馆增光添彩呢！

歙县会馆时任掌班名叫韩崇礼，五十岁上下，祖籍徽州歙县，祖上三辈都在会馆里做事。他女儿韩冬雪年方二十出头，是个孀妇，婚后一年丈夫早逝，只得与父亲相依为命，在会馆帮着里里外外照应。

曲剧《王致和》韩冬雪定妆照

解元公，您一路风尘劳顿，来，先喝口茶，我这就给您拾掇上房去——

接过韩冬雪递过的茶盏，王致和眼前一亮，一种似曾相识的感觉涌上心头，只见冬雪穿一身素色的对襟小袄，虽不艳丽却显雅气，脸若银盆，眉目间有着徽州女子的灵秀，行为做派又全然一副京城大妞的爽气麻利，惟有鬓边簪的那朵白绢花，略显凄楚刺目。

嘿嘿，哈哈，又来了一位解元公——让我瞧瞧——

正说着，只见会馆门口趔趔趄趄地跑进来一个四十岁上下的男人，身上裹着一件破旧不堪的长衫，手里握着本泛黄的旧书，蓬头垢面，疯疯癫癫，一见王致和便一猛子扑上去。

老王头，你怎么又来了，这会馆早就没有你住的地方了，要是再敢来捣乱，别怪我对你不客气——

赵胜启板着面孔一通咆哮，连踢带踹地把那人赶出了会馆大门。

哈哈，我是天子的门生……孔门的圣贤……我要连中三元，哈哈哈——

王致和只听门外传来一阵锥心的疯笑，又听见赵胜启吼着嗓子，又是一通责骂，额头上不觉渗出汗来。

赵胜启赶跑了疯癫男子，又满脸堆笑地凑到王致和跟前：

解元公，适才惊了您的大驾，还望见谅！您有什么吩咐，房间陈设，饮食起居，有什么要求，尽管和老韩头爷俩说……

王致和还礼道：

赵大人，不必麻烦，致和出身豆腐世家，饮食起居，没有那么多讲究——

赵胜启一听这话，心顿时凉了半截，瞬间变了一副面孔，尖酸刻薄地说道：

我说解元公，我还以为您出身什么高门大户……闹了半天，您是哄驴磨豆腐的——得了，得了，这上房也别收拾了——我看您哪，石磨底下扬豆子，出手也高不到哪儿去，恕在下少陪，告辞——！

赵胜启满脸失望，悻悻地离开，只留下王致和手足无措地站在原地。想着适才发生的一幕，陌生男子的疯笑，赵胜启前后态度的巨变，王致和不觉打了一个寒噤，初来京城，就体味到几分世态炎凉，倒让他有些始料未及。韩冬雪端着一碗杂面粥走出会馆，不一会儿工夫，又踱步回到屋内，掸掸身上的尘土，客客气气地说道：

我说王解元，你祖上是豆腐世家，能出您这么个解元公，真不简单！冬雪敬佩您的才学！可是，您到了咱们京城这地界儿，也得学着点儿随方就圆，不能“实凿”啊——

您刚才也看见了，赵大人他眼睛里看的，都是当官的，有钱人家的举子……那个王举人，当年也是住在咱们会馆的举子，连考了三科都没中，疯了……赵大人不但克扣了礼部的供奉，还把人家从会馆哄了出去，要不是我们爷俩儿背地里接济他，恐怕早就——

王致和听韩冬雪的这番肺腑直言，句句说得在情在理，又是古道热肠的性情中人，不禁暗自钦佩。

冬雪姐姐，您处处为人着想，惜老怜贫，侠肝义胆，真令致和佩服，只是您这头上——

韩冬雪抚着鬓间的白绢花，神色有些黯然。原来，她的亡夫是上一科来京会试的歙县举人，祖上在徽州经营歙砚买卖，本想着嫁个同乡举人，夫唱妇随过日子，没想到丈夫名落孙山，从此郁郁寡欢，白天起早贪黑卖砚台，晚上伴着青灯苦读八股文章，不到一年的光景，就身染重病去世了……

王解元，冬雪说话直来直去，您别介意，我今儿见着您，就好像又见着我那死去的丈夫，你卖豆腐，他卖砚台，你们都是同病相怜的平民举子——我盼着您榜上有名，给卖豆腐、卖砚台的争口气，让赵胜启那帮小人们看看，平民举子也能跃龙门，中进士，这就叫——豆腐身软志不软，出身虽低品不低！

韩冬雪一番话，说得王致和心里暖融融的。“同是天涯沦落人，相逢何必曾相识。”他乡遇故知的人生况味，他第一次体会得这般真切。

入夜时分，王致和坐在窗前秉烛夜读，白日里发生的那一幕，总在他脑海里挥之不去，越想越觉得心头烦乱，便早早熄灯睡下。不一会儿工夫，竟恍恍惚惚做起梦来——

明媚和醺的春风下，王致和头上顶戴花翎，身穿四品官服，与一身凤冠霞帔的曹春雨携手而行；不远处，韩冬雪与丈夫也双双踏春而来，两对夫妻成双成对，在徽州的山明水秀中翩翩起舞，唱着黄梅戏小调：

锦袍玉带喜还乡，
夫荣妻贵夙愿偿。
情歌无腔信口唱，
山明水秀任鸟翔。
从今后，不再街头歙砚卖，
再不必，苦熬苦盼豆腐郎。
从今后，徽州再无苦牌坊，
好一派，春风醺暖，盛世和祥……

四个人边歌边舞，恍然置身于一派春色桃源。忽然，曹春雨和韩冬雪丈夫的身影渐渐隐去，王致和、韩冬雪拼命想抓住他们的衣袂，却一个趔趄扑了空，只剩下两个人在四野空旷中苦苦寻觅……

王致和从梦境中醒来，摸摸身边的孤衾冷被，又想起白天的所见所闻，一时五心烦乱，披衣推门而出。此时，韩冬雪也正在院子里孑然一身，对月徘徊。

“大兄弟，这么晚了，你怎么没歇息——”

“冬雪姐姐，忙了一整天，您也没睡呢——”

“适才间做了个梦，梦见我那死去的丈夫，跟他夫妻一场，只知道他家祖祖辈辈卖歙砚，可我连徽州老家都还没回去过——”

“徽州，致和我也是日思夜想，魂牵梦萦啊——”

两个人站在皎洁的月色下，遥想着天各一方的亲人，一时间心潮起伏。

大兄弟，你说——人这辈子图的是什么？像我那丈夫，十年寒窗，青灯熬尽，千里迢迢到京城来受这份罪。到头来，落得个客死他乡，早知如此，还不如在歙县卖一辈子砚台，倒也活得舒坦自在！

王致和听得一怔，他望着眼前的女人，好像看到了徽州老家豆腐坊里日夜苦熬苦盼的曹春雨：

冬雪姐，致和有时也想不明白，男人拼尽一生，为的是功名前程，可女人一辈子苦熬苦盼，为的——又是什么？

两个人都陷入了沉思，梦境中夫妻团聚的情景又浮现在眼前。是啊，人拼尽一生，历经荣辱，为的不过是最平凡简单的夫妻团聚。也许在梦里，他们才能找到惑然于心的答案。

咳，我说大兄弟，这深更半夜的，咱俩啊，就甭跟这儿念苦情，换金豆儿了——我看你天庭饱满，地角方圆，定是个有福之人，姐姐盼着你春闱高中，给卖砚台、卖豆腐的平民举子争口气！

王致和坚定地道：

好！致和一定给卖砚台、卖豆腐的争口气！

第二节

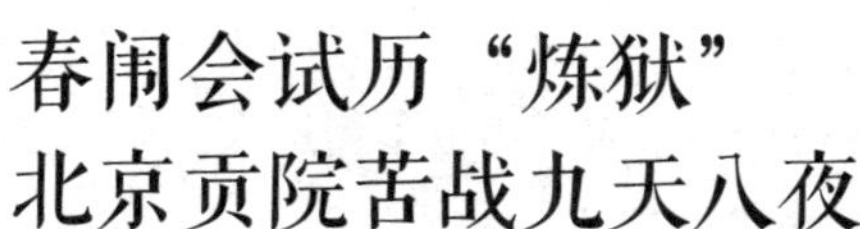

春闱会试历“炼狱” 北京贡院苦战九天八夜

藕来哎，京城三月的白花藕哎——

嫩了芽的香椿来——

三月的北京城，春桃绽放，柳丝低垂。正阳门外，走街串巷的叫卖声不绝于耳，转眼就到了“春闱”会试的时间，王致和又要经历九天八夜如炼狱一般的科考。

会试，是科举考试的第三级，意为“集中会考”，也是三年举行一次，顺天府及全国各省举人，于乡试后的第二年，即丑、辰、未、戌年来京参加由朝廷礼部主持举办的会考，考期在春季三月，故称“春闱”。

会试的主考官称为“总裁”，清初用阁部大员四人或六人，最多的时候七人，后改为二三人或四五人。考官主要从翰林院官员中选派，兼用庶吉士及科、部中举人出身的官员。主考、同考皆由礼部题请皇帝选派。

按照清代的规定：会试当年的三月初三，礼部就将听候选派人员的官衔和姓名缮写密本送交内阁，并将上三科考官及近三科顺天府乡试考官的官衔姓名另外进呈，请皇帝选派。被选派的考官于初六日清晨，穿着常服朝珠，携带着行李，前往午门听候宣旨，并且按照品级班次跪听大学士拆封宣读，行三拜九叩礼谢恩后，便立即前往贡院。主考官入闱后，即大书“回避”二字贴于门外，并加封条，表示考试期间不与外界往来，家人书信也不得送入。除了主考、同考之外，皇帝还要选派知贡举二人，一满一汉，皆以一、二品大员充任；正副提调二员，由礼部司官担任。

会试分三场，每场三日。初九日为第一场，十二日为第二场，十五日为第三场。前一日点名入场，后一日交卷出场。至于入场时搜检、坐号编排、场内关防等，都与乡试大致相同。

明清时期，顺天府乡试和京师会试的考场都设在北京贡院，因为全国各地举子都来京应试，如同向皇帝贡献自己的聪明才智，故名“贡院”。据考证，明清两代贡院旧址，就在今天北京市东城区崇文门内观象台西北、建国门内大街北侧的中国社会科学院一带。

北京贡院最早建于明永乐十三年（1415 年），是在元代礼部衙门旧址的基础上修建而成的。在封建时代，考场规矩森严。为了防止内外串联作弊，考试开始后要将贡院里号舍大门锁起来，叫“锁围试贡”或“锁院”，严禁考生出号房，无关人等也不准接近号房。这样一来，一旦发生突发事件，很难及时采取应对措施，而会试往往又在乍暖还寒的初春举行，考生要自备火炉取暖，很容易引发火灾。据史料记载，明英宗天顺七年（1463 年），北京贡院在会试时起火，贡院官员不敢开锁放人，考生也不敢擅自跑出来，结果有近百名举子被活活烧死，后集体埋葬于朝阳门外，人称“天下英才冢”。

话说天不亮，王致和早早地收拾停当，一手提起装着笔墨、干粮、火炉和衣物的考篮，一手拎着一盏灯笼，告别了韩冬雪父女，径直朝正阳门走去。

来到正阳门前，王致和定睛一看，黑压压的一片人影已经把巍峨的门楼围堵得水泄不通。应试的举子们早早候在这里，等着四更天开城门放行。随着北面钟楼、鼓楼上传来的一声巨响，城门“吱吱呀呀”徐徐打开，举子们就像疯了似的，呼啸着向门洞拥去，一个个挤得衣冠不整，鞋袜满地，全然不顾斯文。

出了正阳门，一直往东，走上二三里路，过了几座飞檐高脊的木质牌楼，王致和远远地望见贡院的匾额。北京贡院正门分左、中、右三路，各立牌坊三座，左面牌坊题为“虞门”，右面牌坊题为“周俊”，中间牌坊题为“天下文明”。牌坊后面为贡院正门两座，每座大门两侧都配有小厅，用来稽查进出人员。靠右一侧的大门为考生进出的大门，称作“龙门”，取自“鲤鱼跃龙门”的典故，意为考生跃过了这道门就可以成为朝廷栋梁之才。

北京贡院号舍

此时天已经大亮，王致和在晨曦的光影下，仔细打量着北京贡院的牌坊：正南五楹开的大门，正中悬挂着黑字匾额“贡院”，大门前三座牌坊自西至东分别是，西“为国求贤”坊，中间“天开文运”坊，东“明经取士”坊。十年寒窗，从徽州千里迢迢进京，等的就是这一天，这个无数次出现在梦中的“朝圣”之地，如今身临其境，王致和倒觉得有几分压抑和陌生。

北京贡院“为国求贤”坊

王致和正定睛驻足，只见从贡院大门里走出来一排排身挎大刀的侍兵，一个头戴亮蓝顶子的官员正坐在门口的桌案前，对着花名册一一核对举子的籍贯、姓名和相貌，点名核实后方可进入：

“安徽仙源——王致和——”

“有——”

王致和憋足了中气大声应道，这时又过来几个侍兵，将他左右围住，一边撩襟敞怀，一边解袜脱靴，把王致和从头到脚仔仔细细地搜查一遍，又把他带的笔墨、干粮、衣物等一一盘查，确定没有什么可疑的夹带，才确定放行。

进去吧——

王致和整理好衣襟鞋袜，挎着考篮一溜烟儿地小跑，又经过龙门、二道龙门、三道龙门重重核查后，便来到了号舍。号舍分东西两块，每排有十几间，排与排之间形成狭长的小巷，每个巷口有用《千字文》“地、黄、宇、月”编写的序号，待等每排号舍进满举子后，号兵就要逐一上锁，不到规定时间一概不得开锁。考生全部入场后，贡院外鸣炮三响，贡院大门、龙门逐一关闭上锁，并由监临加上封条，举子们九天八夜炼狱般的生活就开始了。

又一个九天八夜，王致和身如囚鸟，被锁在鸽子笼大小的号舍里，忍受着料峭春寒，搜肠刮肚、寻章摘句地作着八股文章。下面笔者简单介绍一下清代会试的内容，以便读者了解王致和当时应试的状态。

清初科举，沿袭了明代的制度，以八股文作为考试的主要内容。顺治三年（1646 年）规定：

乡、会试第一场：“四书”文三篇，“五经”文各四篇，士子各占一经。第二场：论一篇，诏、诰、表各一通，判五条。第三场：经史时务策一道。

三场试题，除了顺天府头场由皇帝钦命外，其他两场试题和各省试题都由考官自行拟定。于各场考试前一日刻印完毕，分别在初九、十二、十五日三天散发，由专人从号房巷口栅栏门缝处送进去，考生每人一张，紧张的八股文考试就开始了。

所谓八股文，是明清两代用于科举考试的一种特殊文体，称为制义，又称制艺、时文、八比文。八股文的格式有严格的规定：开头两句称为破题，重在扼题之旨，可以明破、也可以暗破、顺破、分破、对破。接下来是承题，即“代圣贤立言”，说明圣贤为什么要说这样的话，接着是领题，用一两句或三四句引入本题，再下面就是文章的主要部分了。八股文的主要部分分为起股、中股、后股、束股四个段落，每股或四五句，或七八句，末尾用一二句结束全篇。明清统治者要求应试的举子们将“四书”“五经”等内容塞进八股文这一固定的格式中，按顺治二年（1645 年）规定，每篇限五百五十字，康熙二十年（1681 年），增为六百五十字。

在现代人看来，这种八股文章无异于“戴着镣铐跳舞”的文字游戏，根本无法考查一个人的综合能力。但是沿袭了一千三百年的封建科举制，依然为朝廷选拔了一批又一批诗书满腹的有才之士，到了清朝末年，这种机械而生硬的八股应试文，被考生们肢解为千篇一律的陈词滥调、歌功颂德，科举制渐渐走向了衰落。

如今，王致和当年参加顺天府会试的文章和判题，已经无据可查。但我们大约可以想到，一路从童生、秀才再到举人，他对这种“戴着镣铐跳舞”的八股文章早已烂熟于心。“三场辛苦磨成鬼，两字功名误煞人。”当年科考举子饱受的艰辛可想而知，就在王致和身囚于方寸号舍奋笔疾书之际，他生命中的两个女人，都在为他牵肠挂肚，石板桥畔长夜不灭的灯火，北京城里徐徐摇曳的烛光，与平民举子王致和前途未卜的命运，紧紧地系在了一起……

第三节

走投无路落孙山 重操旧业卖豆腐

发榜喽——发榜喽——

四月的北京城，杏花飘香。午门外，举子们一个个摩肩接踵，瞪大了眼睛找寻着皇榜上密密麻麻的名字。中了的，欢天喜地，准备殿试；落第的，捶胸顿足，准备下科再考，或者索性打道回乡。

曲剧《王致和》剧照——《春闱看榜》

王致和一路乘兴而来，本以为自己志在必得，就算不中会元，至少也能捞个贡士，可是从头到尾看了一遍又一遍，也没看到榜上写着自己的大名，难道，这一科“杏榜”名落孙山了？他不敢相信自己的眼睛，一直站到天色将黑，浑身发抖，才失魂落魄地走回歙县会馆。

会馆门外，韩崇礼、韩冬雪父女俩正翘首张望着，见王致和垂头丧气地回来，便知事情不妙，没等王致和开口，冬雪连忙上前安慰道：

“大兄弟，这科不中还有下科，千万别灰心丧气——”

“下科？别做梦了，从古到今，谁听说过卖豆腐的中进士？我说‘豆腐解元’，您啊，还是赶快收拾铺盖卷，回乡卖豆腐去吧——”

赵胜启站在一旁冷嘲热讽，把王致和说得无地自容。此刻，他真想拂袖而去，回家与妻子、父母团聚，叙一叙离别之苦。可是转念一想，自己当初在鹿鸣宴上当着县太爷和众举子夸下海口，不中进士誓不还乡，这样落魄而归，岂不是落人笑柄吗？再摸摸身上，县太爷给的供奉银两已经花费殆尽，千里迢迢，连个住宿的盘缠都不够。百般无奈之下，王致和咬紧了牙关，一字一句地说道：

赵大人，且容致和暂居会馆，青灯熬油，再拼它三年春秋，下科必定榜上有名！

赵胜启一阵冷笑，冲着王致和一顿挖苦讽刺：

“我说王解元，您话说得倒轻巧，再住三年，您以为我这会馆是不要钱的买卖，白供着你们吃住啊，这茶钱，水钱，饭钱，灯油钱，您付得起吗？”

“赵大人，王解元还是前科的举人，按律例，朝廷应有举子们的供奉银两——退一万步说，就是他身无分文，我韩冬雪愿意赊他的账，赌他一个‘豆腐进士’来！”

王致和见韩冬雪如此仗义相助，心中不胜感激。赵胜启听韩冬雪说到“供奉银两”，态度顿时软了几分，思忖片刻后，决定把王致和赶到一间狭小昏暗的东厢房，并一再吩咐韩崇礼，吃住饮食，一律按照最低的等级供给。

春去夏来，北京城的杏花谢去，荷花正艳。这一天，王致和正在房间里挑灯夜读，这几个月来寄居京城，心情低落，加上思念家人，他的身体明显消瘦了许多。不一会儿，王致和迷迷糊糊地趴在桌案上睡着了，睡梦中，他看见妻子曹春雨站在石板桥边，望眼欲穿地盼着他回家；他看见一双呱呱落地的儿女，正在妻子怀中嗷嗷待哺；他看见年迈的父母在豆腐坊里日夜辛劳地磨着豆腐，他还听见乡邻们的议论，岳父厉声的责骂，县太爷的冷言冷语……就连豆腐棚里那头经年累月拉磨的老灰驴，都好像在“哼哼”地嘲笑自己。

“王致和，本县说过，只管一去，不管一回，你若考不中，可就没有回头路了……”

“王致和，你这个不中用的豆腐郎，我把女儿嫁给你，真是瞎了眼，你给我听着，我曹家的女儿，只为簪缨拾阶履，不为黎庶缀白衣，不中进士，你这辈子就别回来！”

“致和，春雨不做五婆婆，中与不中，你都要快些回来——”

一片嘈杂的人声中，王致和呼喊着妻子的名字……这时，他猛地从梦中惊醒，出了一身冷汗。睁眼一看，韩冬雪正端着一碗酸梅汤，站在他面前。

“大兄弟，你这是想家里，想弟妹了吧！瞧这几个月，你都熬瘦了，喝碗咱老北京的酸梅汤，提提神，解解暑气。”

“不瞒冬雪姐姐，致和离家的时候，春雨已经身怀六甲，想来现在也该生了，父母年迈，孩子幼小，真不知她的日子是怎么过的！致和远在千里之外，上不能孝敬父母，下不能抚养儿女，愧为男子汉大丈夫呀！”

说着，王致和用手摩挲着佩戴在身上的香囊，不觉悲从中来。韩冬雪仔细打量着王致和身上的香囊。

弟妹好针线，这并蒂莲花，绣得活色生香，一看就是蕙质兰心的徽州女子，这山核桃——

王致和向韩冬雪讲起徽州民间流传的“五婆婆”的故事，冬雪听着听着，不禁感怀在心。

弟妹是个有见识、心性不俗的女子，大兄弟，你是有福之人，可不能负了她呀……

韩冬雪嘴上宽慰着王致和，心底里却像打翻了五味瓶，好一番酸甜苦涩。这几个月来，与王致和朝夕相处，为他端茶端饭，见他手不离卷，日夜刻苦攻读，冬雪仿佛又回到了初嫁为人妇的时光，那个梳着长辫、文质彬彬、书声琅琅的徽州举子，又一次浮现在她眼前。在王致和身上，她看到了丈夫的影子，更看到了自己没有做完的梦。多少个不眠的寒夜，她独自对着菱花镜，含泪拂拭鬓边的白绢花，听着对面屋里传来的读书声，不觉入了神，脸颊上掠过一抹莫名的红晕……这么近在咫尺，这么亲切熟悉，她多想抓住这一缕无形的温暖，像凛凛冬雪中暖人的火光，静静地守在他身边，哪怕只是为了慰藉一下自己那颗孤寂冰冷的心。

听到王致和口中心心念着的结发妻子曹春雨，韩冬雪的心猛地抽搐了一下，女人最懂女人心，她知道，千里之外的那个女人，也和自己一样，苦熬苦盼地度着时光，而她必须把自己对王致和的一腔情愫埋在心底……

王致和望着不是亲人、胜似亲人的韩冬雪，四目久久相对，两个人似乎都有想说却说不出的话，无语凝噎。

韩冬雪到底是爽快性子，她背身擦了擦湿润的眼眶，爽朗地说道：

咳，你说咱们这是怎么了？这人生在世，难免沟沟坎坎，谁还不遇到个天涯沦落，“相逢何必曾相识”的知己，凭什么女人就该一辈子苦茧缠身？

人啊，这辈子什么最珍贵？不就是遇到个懂自己的人吗？只要心放得正，行得端，咱们这情分，就能一辈子光明正大地搁在心里，大兄弟，你说是不是这个理儿……

韩冬雪情如飞瀑，一泻千里，句句说得王致和感动肺腑。

“冬雪姐，致和初来京城，饱尝世态炎凉，人情冷暖，你对致和的好，我这辈子都报答不尽，你和春雨，都是深明大义，湖海豪情的好女人，和你们比，致和惭愧呀……”

“大兄弟，振作起来，我爹说，咱们徽州府有句老话，‘不吃茴香萝卜干（回乡落魄）。’今年不中，明年再考，你有磨豆腐的手艺，还怕在京城养活不了自己吗？缺银子，姐先给你垫上，咱们两副肩膀两双手，非要让赵胜启那小人看看——豆腐身软志不软！”

听韩冬雪这么一说，王致和不禁眼前一亮。

“冬雪姐，你的意思是让我——”

“对，我就是让你解元老爷重操旧业——卖豆腐！”

王致和听罢，顿时又双眉微锁，迟疑起来，韩冬雪似乎看破了他的心思，追问道：

怎么，放不下读书人的面子，是不是？

王致和用手摩挲着身上的长衫，尴尬地点点头。想着自己十年寒窗，曾在孔夫子圣像前立下大志，不中进士誓不还乡，如今又要重操旧业做回豆腐郎，心里多少有些不是滋味。

咳，我说大兄弟，常言道“大丈夫能屈能伸。”是男人就挺直了腰杆，重头再来！靠自己一双手自力更生，有什么怕丢面子的！要是整天唉声叹气，没精打采，就算读再多的书，也是——越读越输！

……

韩冬雪的一番话醍醐灌顶，深深震憾着王致和的心。

又解渴，又带凉，又加玫瑰又加糖，不信你就闹碗尝一尝，酸梅的汤儿来哎，另一个味呀——

回荡在四九城上空的叫卖声，又一次萦绕在王致和耳边，听着这既熟悉又亲切的声音，他不觉浑身来了力气。寄居京城的这些日子，饱尝世态炎凉，亲眼目睹像赵胜启这样的官吏蝇营狗苟、媚上欺下的嘴脸，王致和科考求仕的心也凉了半截，倒是韩崇礼、韩冬雪这些淳朴善良的京城百姓，给了他这个落第举子无私的帮助和关照。王致和想，自己本来就出身豆腐世家，是父母用磨豆腐挣的钱供自己进私塾读书，如今仕途受挫，若要来日再考，总要在京城立下一锥之地，既然如此，还怕什么斯文扫地，顾虑什么举子尊严，“留得青山在，不怕没柴烧”，只要能靠一双手养活自己，在京城扎下根，熬个三年五载，总有榜上题名的那一天。

曲剧《王致和》剧照——《王致和重操旧业卖豆腐》

痛定思痛的王致和，用力扯开了长衫，换上了短衣短裤，竟然在歙县会馆的小后院安上了一口石磨，泡豆子，点卤，重操旧业，磨起豆腐来了。

白天，王致和挑着担子走街串巷，顶烈日，冒酷暑，从宣武门一路向东，过骡马市、虎坊桥、东琉璃厂东口，经过大栅栏、延寿街，一直走到正阳门下，真正地融入了北京城最底层劳动人民的生活中。一路走一路卖，王致和全然忘却了自己的解元身份，也学着老北京原汁原味的吆喝声，扯着嗓子叫了起来：

曲剧《王致和》剧照

“豆腐哎——白花花，嫩溜溜的南豆腐哎——”

“大家伙儿瞧瞧，这个豆腐郎不但豆腐做得好吃，长得也斯文，走街串巷卖豆腐，手里还拿着本书……”

来来往往的京城百姓，都被这个相貌端正、举止儒雅的豆腐郎吸引，加之他做的南味豆腐细腻滑糯，白如琼脂，又从不缺斤短两，遇到贫穷拮据的百姓，有时还会多给上两块豆腐，豆腐郎的口碑一传十十传百，生意做得十分顺手。

哈哈，真是闻所未闻的新鲜事儿，落第举人卖豆腐，王致和，你可真是辱没斯文，把孔门读书人的颜面都丢尽了！

听着赵启胜和一帮举子在背后的冷嘲热讽，指指点点，王致和淡淡一笑，一边挑着担子，一边手持书卷，徐徐吟哦道：

一箪食，一瓢饮，在陋巷，人不堪其忧，回也不改其乐……

就这样，王致和从康熙八年（1669 年）开始，就在京城靠卖自制的豆腐为生，这一年，也成为了“王致和”品牌具有里程碑意义的创始年份，寒来暑往，王致和不但自食其力挣出了自己的嚼谷儿，还时不时给韩崇礼、韩冬雪父女俩买点儿酒菜，贴补会馆的生计。这一晃，就是将近两年的光阴，而他在日复一日的辛勤劳作中，也越发变得强壮坚实！

第四节

千里音书托鸿雁
两地甘苦寄相思

话说王致和咬定牙关留在京城，靠从小学成的磨豆腐手艺自食其力，决心三年后再战“春闱”；而千里之外的仙源老家，曹春雨怀胎十月，产下了一双龙凤胎，女孩儿乳名“领弟”，男孩儿唤作“门墩”。王家添丁进口，香火有继，王老实夫妇欢天喜地，一面忙着照顾春雨母子三人，一面翘首盼着王致和上京赴试的喜讯。

眼看发榜的日子已经过了数月，依然不见京城有消息传来，王老实思量着，若是王致和榜上有名，县令白宜生早就该差人登门报喜了，这一科，十有八九是名落孙山。夫妇俩望眼欲穿，盼子不归，不禁愁眉双锁，整日里，对着那口光滑的石磨长吁短叹。

再说曹春雨，自王致和千里单骑绝尘而去，石板桥边一别，秋去春来，无时无刻不牵挂着丈夫的衣食寒暖。每日里，她拖着沉重的身子，帮衬公婆料理豆腐坊的生计，烧饭煮水，哄驴磨豆，浆洗缝补，一个女人守着古徽州四四方方的天井，日复一日地挨着光阴。“风乍起，吹皱一池春水……终日望君君不至……”多少个不眠的风雨夜，春雨吟着古人的诗句，独自品嚼着生活的艰辛。徽州女人的一生，大多是在等待与期盼中度过的，有的终其一生，盼来了夫荣妻贵，有的苦熬苦等，最终只赢得了一座冰冷的贞节牌坊……曹春雨是心性早慧的女子，她不愿做天井深处痴守一生的徽州女人，只盼着四月杏花初绽时，丈夫能如约归来，夫妻团聚，父子天伦。足月分娩时，春雨为一双儿女取乳名“领弟”“门墩”，一来是名字上口好养活，二来是希望孩子一生抱朴守拙，不求将来科考入仕，大富大贵，只望踏踏实实地守着王家的香火，安度此生。

这一日，曹春雨忙完了家里的活计，侍奉公婆吃过晌饭，又喂饱了襁褓中两个嗷嗷待哺的孩子，便坐在窗前，一针一线地缝起衣衫来。王致和临走时穿的，还是她亲手缝的那件长襟，转眼一年快过去了，每每思念丈夫之时，她便会对着长衫上绣的“莲花并蒂”暗暗出神，想着丈夫临行前，自己给他讲的“五婆婆盼夫一生不归”的故事，还有嘱咐王致和随身佩戴的装有山核桃的香囊，心中便有了一丝慰藉，她相信，自己不会像故事中的“五婆婆”那样痴守终生，不管前路是风是雨，王致和一定会如约归来！

春雨啊，你快来看看，致和托人寄信来了——

曹春雨正想得出神，忽听门外王老实喜出望外地呼喊着，手里拿着王致和写给家里的书信，颤巍巍地递到她面前。

领弟她妈，快——快拆开念一念，看看致和他都写了什么——他到底还打算不打算回来啊——

曹春雨又惊又喜，连忙拆开书信，见丈夫字字如诉地写道。

父亲大人膝下，敬禀者，不孝儿此番进京赴考，未能得中，儿思考再三，决定暂留京城，昼夜苦读，再到大比之年，定要名登皇榜。家中房地均无，全靠爹爹、母亲与媳妇磨豆腐为生，故不孝儿在京一切花销均自行筹措，无须惦念！只求爹爹、母亲福寿绵长！

王老实一听，心不觉凉了大半，辛辛苦苦培养儿子苦读十载，实指望此番春闱会试，王致和能够榜上有名，衣锦而归，为乡里增光添彩，如今却等来了他留在京城不归的消息。王老实越想越懊恼，想着将来的日子还要靠磨豆腐为生，儿子远在千里之外，夫妻俩老来无靠，不觉悲从中来。

曹春雨倒是一脸平和，默默地读着丈夫信上写给自己的笔墨。

春雨贤妻，致和此番名落孙山，未能如约而归，实愧于卿！还望你，上，孝敬风烛残年的爹娘，下，拉扯嗷嗷待哺的孩子，此恩此情，铭记肺腑！尔丈夫一领青衫，寒窗苦读，只求为平民举子争一口气，三年后鱼跃龙门，夫荣妻贵，定不负卿！

曹春雨一字一句地读着丈夫的话，脸上没有失望悲伤的神色，更没有吐露一句埋怨之辞，千里之外，她仿佛感同身受着王致和彼时的心境，不由得在心底默默地回应着。

致和啊，我知你不甘十年苦读付诸流水，要为平民举子争一口气，可是千里之外，人生地不熟，这世态炎凉，四时寒暑，你又怎能独自承受呢！为妻不愿做“五婆婆”，你——又何必誓死要做“蔡五郎”——

曹春雨自幼读书识礼，毕竟是有见识、有主张的女子，她强撑着难过，定了定神，又转过身来安慰公公道：

“爹，您别难过，致和他十年寒窗，立下大志，岂甘心就这样落第而归，既然他把话说到这个份儿上，咱们，就再给他一次机会吧！”

“春雨啊，你不愧是我王家的好媳妇，只是，我们爷俩对不住你啊——”

“爹，春雨愿上赡父母，下抚儿女，我相信，致和他一定会回来的！”

徽州古镇的月夜，清冷而孤寂，这一夜，孤枕寒衾的王致和又一次在梦中与苦苦支撑着家门的曹春雨团圆相聚，互诉衷肠。望着妻子日夜辛劳、形容憔悴的面庞，已不再是初嫁时娇花照水的模样，王致和心中愧疚难当。

“春雨，致和对不起你，你嫁到王家后，温良贤淑，从不像那些世俗妇人，整日唠叨着丈夫榜上题名，可我却失信于你，累你独守空房，一双儿女，还是离不开磨豆腐的那头驴，我好愧啊！”

“致和，我和孩子，没有觉得磨豆腐有什么丢人，一家人吃喝不愁，早晚团圆在一起，这就是福！致和，回来吧，孩子已经会叫爹了——他们盼着你回来，亲一亲，抱一抱——”

“春雨，致和这就回来了——”

……

夜凉如水，两地相思。王致和与曹春雨的心紧紧地贴在一起，各自强忍着难以言说的艰辛与苦楚，为了那个做了千百次的团圆的梦，再苦再难，他们都万苦不怨，甘之如饴。

曲剧《王致和》剧照——《梦境重圆》

解元公点卤磨豆腐，挑着担子沿街叫卖，哎呦呦，真是斯文扫地，丢尽了读书人的颜面啊——

千里之外的京城，王致和忍受着世俗的冷嘲热讽，起早贪黑地忙着做豆腐、卖豆腐。

“王致和，这个不争气的豆腐郎，赔我女儿的青春光阴，赔我曹家的嫁妆——赔我的高头大马，顶戴花翎——”

“王致和，你与本县击掌为盟，不拿进士不还乡，如今却榜上无名，真给我仙源县的众举子们丢脸——”

“王致和，你还我们四邻八舍的酒，还我们的肉，我们的臭鳜鱼——”

……

曹春雨不顾乡邻们七嘴八舌的议论，还有父亲曹向前和尚念经一般的埋怨和唠叨，只一个心思侍奉公婆，抚养儿女。流光似水的日子，伴着麻川河汩汩的流水，在等待与期盼中一天天地过去了……

第五节

南柯一梦醒黄粱 妙手偶得“臭豆腐”

康熙十年（1671年）三月，春风回暖，杏花又绽，又到了三年一次的“春闱”大比，王致和暂且搁下卖了一年半的豆腐生意，继续温习功课，准备参加人生中第二次礼部会试。

寄居京城的这段时间，王致和与韩崇礼、韩冬雪父女相处甚密，如同一家人一样，他经常用卖豆腐挣的银子给韩崇礼买些酒菜，给韩冬雪买点儿脂粉，以报答父女俩对自己的知遇之情。而韩冬雪对他更是情真意切，帮着王致和泡豆子、推磨，端茶煮饭，做羹汤，王致和每日挑着担子回来，准能吃上一顿热腾腾可口的饭菜，就连一年四季穿在身上的短衣长衫，都是她一针一线缝制的……这早晚间耳鬓厮磨，头碰头，脸对脸，两个人的感情也与日俱增，王致和越来越信赖、敬重这个侠肝义胆的北京大妞，而韩冬雪对王致和吃苦耐劳、谦逊本分的性情也越发倾慕，两个人似乎都有话想说，却又都说不出口，始终像姐弟一样互相疼爱着，鼓励着，没有跨过那道底线半步。

眼看着“春闱”将近，王致和把没有卖完的豆腐封存在大缸里，埋在地下，又埋头读起“四书”“五经”来。韩冬雪生怕他苦熬苦读，累坏了身体，便想着邀王致和到京西妙峰山走一走，拜一拜娘娘庙，一来祈福这一科榜上有名，二来放松精神，舒缓一下筋骨。

康熙年间，康熙帝御赐京西妙峰山为“金顶妙峰山”，一时间，

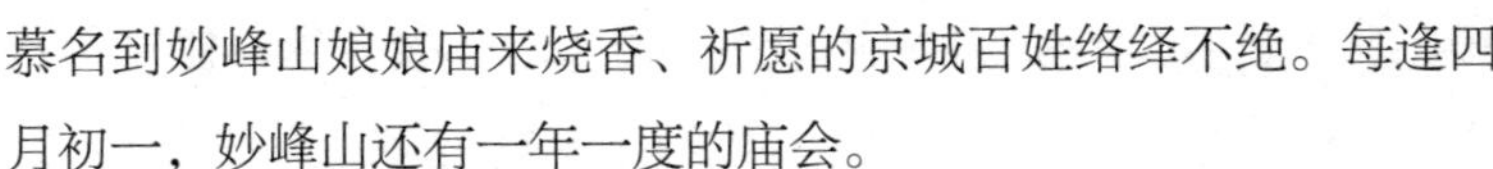

慕名到妙峰山娘娘庙来烧香、祈愿的京城百姓络绎不绝。每逢四月初一，妙峰山还有一年一度的庙会。

康熙初年，康熙帝平定三藩，战乱不断，加上自然灾害频发，物价上涨，百姓们的生活还是很清苦的。王致和与韩冬雪一路行来，看到京城百姓扶老携幼，有的穿得衣衫褴褛，有的食不果腹，对着娘娘庙里供奉的碧霞元君娘娘苦苦哀求，三拜九叩时，不禁万千慨叹。王致和心中暗自思量着：

所谓贫者愿富，疾者愿安，耕者愿岁，贾者愿息……我王致和寄居京城，受尽辛苦，是为了求个科榜有名，光宗耀祖，而这些京城老百姓们，风餐露宿，只为了求衣食饱暖，体安身健！如此看来，人生在世不如意事十之八九！

王致和正想着，韩冬雪凑到跟前说了句：

大兄弟，别愣着了，咱们大老远来妙峰山，你也拜一拜，求个签！求娘娘保佑你这一科名登杏榜！

王致和听韩冬雪说得在理，便也跪在娘娘庙前，虔诚地叩拜了一番。而后拿起签盒摇了摇，从中抽了一签，展开一看，只见上面写着四个蝇头小字：绝地重生！

韩冬雪在一旁说道：

“你瞧瞧，我说你这一科必定能中不是，这三年来，你靠卖豆腐自力更生，‘娘娘’有灵都看得见，这就叫峰回路转，苦尽甘来！”

“多谢冬雪姐姐吉言，致和定全力以赴，不负三载艰辛！”

说话间，只见一个穿着破衣烂衫的小讨饭，走到王致和身边，伸着一双黑黝黝的小手向他乞讨。孩子的父亲跪在娘娘庙前，双手合十，一遍遍地念叨着：

菩萨保佑，千万别再有战乱灾害了，让我一家人能吃上饱饭，——

王致和见状，不禁心生怜惜，赶忙从袖子里取出一块白馒头递给孩子，孩子接过去，掰了一半给父亲。两个人狼吞虎咽地吃了起来，样子看上去甚是辛酸。

王致和一路心事重重，与韩冬雪双双下了山，赶回歙县会馆。路过前门外西打磨厂的乐家药室时，又看到一些拖着病体、无钱看病的贫苦百姓，在药铺门前苦苦哀告。康熙初年，永定河浑河多次泛滥，给幽州百姓造成了很大的灾害。后来康熙皇帝体察民情，下令疏浚河道，才使灾害不再发生。王致和一路走一路看，京城底层百姓的生活无不触动着他的心，他在心里默念着，倘若自己仕途有望，一定要做个为苍生百姓造福的好官。

这天傍晚，窗外风雨大作，王致和早早就寝，恍惚入梦。不多时，就听见门外传来一阵急促的敲门声，几个卫兵高嚷着冲进会馆：

哪一个是安徽仙源举人王致和——

王致和应声披衣而出，只听“哐啷”一声，就被官兵套上了刑锁。

“官爷，你们为什么抓人啊，王解元他犯了什么法了——”

“王致和身为前科举人，三年来寄居歙县会馆，贩卖豆腐为生，不屑仕途，有辱斯文，赵胜启大人已经上报礼部，除去他举人的功名，即日起抓拿入狱，警戒视听——”

“官爷息怒，王解元这一科定能高中会元，请官爷再等一等，说不定皇榜就要发下来了……”

“少啰嗦，给我带走——”

正在这时，只听门外又一阵鸣锣开道，喜报声划破天际：

“报——安徽仙源县王致和老爷高中二甲头名——”

“中了，中了，解元公中进士了——”

……

曲剧《王致和》剧照——《南柯一梦》

门外暴雨如注，王致和被两拨官兵争夺着，撕扯着，一边是高头大马，顶戴花翎；一边是刑锁木枷，镣铐上身。恍恍惚惚中，曹春雨和韩冬雪站在东西两厢，呼喊着他的名字，他想伸手抓，却谁也抓不到，猛一抬头，又看见岳父曹向前、赵胜启、县太爷白宜生，还有一个个张牙舞爪的士兵，一步步把他逼向水流湍急的悬崖边，猛地一把推了下去……

救命啊——

王致和一声尖叫，从噩梦中惊醒。原来，近在眼前的功名仕途，不过是南柯一梦……

他定了定神，看见桌上的考篮里，已经放好了韩冬雪为他准备的九天八夜的干粮和遮风挡雨的衣物，想起明天一早就要到北京贡院赴考，赶忙和衣睡下。

四更天刚过，王致和辞别冬雪父女，又朝着正阳门以东的贡院牌坊走去。走在那条熟悉的路上，王致和心潮起伏，与三年前的意气风发相比，此时的他，沧桑了许多。这一路，他走得异常沉重，每迈一步都像戴着脚铐受刑，道路两侧高高的屋脊，大门前高耸的牌坊，压得他喘不过气来。点名，搜身，过龙门，入号舍，“哐啷”一声，号舍大门再一次锁上，王致和真正的“噩梦”开始了……

王致和看着考卷上信手拈来的题目，自感文章顺手，身如囚徒的劳役之苦，竟然也抛在了脑后。

走出贡院大门的那一刻，他就像浴火重生了一样，自由地呼吸着清新的空气，天蓝蓝，风湛湛，京城的每一处景致都焕然一新。王致和只觉得喉咙发痒，真想放开嗓子大喊两声，释放一下积压在心头的郁气：

豆腐哎，白花花、嫩溜溜的南豆腐哎——

这一句冲口而出的吆喝，让王致和顿感从里到外舒爽了许多，眼看天色不早了，便一路小跑地赶回歙县会馆。

歙县会馆里，韩冬雪父女俩一边唠着家常，一边等着王致和考试归来。

致和这孩子真不错，这三年来，一边做豆腐，一边卖豆腐。就这样，还不耽误他读书，每天是起五更睡半夜啊。菩萨保佑，希望他这一科可别再——

韩冬雪连忙打断韩崇礼的话，一本正经地说：

“爹，您老人家是茶馆的伙计，哪壶不开拎哪壶！要我说，中不中都不打紧，只要致和兄弟有志气，不怕吃苦，早晚有飞黄腾达的一天！”

“是啊，是啊，咱们安徽人啊就有这股子勤谨劲儿。不声不响的，把事儿给你都干咯。闺女啊，爹是替他担心，怕他——走了我那姑爷的老路——”

韩冬雪听父亲说得动了情，不由得也暗自沉吟起来，想着王致和为人处世，与自己故去的丈夫颇有几分相像，心里又是欣慰，又是悲楚。韩崇礼似乎也看出了女儿的心思，又不便把话挑明，便绕着弯地说道：

冬雪啊，你可别怪爹多嘴，像，可又不太像……好，可又不太好——咳，爹是想说，你们可别——

韩冬雪听父亲话里有话地绕了这么个大弯儿，又好气，又好笑，一时性子上来了，心直口快地说道：

爹，瞧您说的，您姑娘好歹也是北京城土生土长的姑奶奶，是那浑身骨头没四两沉的主吗？人家比我小，家里又有那么个娇滴滴的原配。再说，嫁念书人有什么好的，一辈子跟考试较劲，别裹乱了。

韩崇礼听女儿说得句句在理，连连说道：

“明白就好，这就是孔圣人说的——发乎情，止乎礼！”

“您放心，你闺女心里懂着呢！”

……

曲剧《王致和》剧照——《梦境看榜》

清明时节，杏花绽蕊，转眼就到了“春闱”发榜的日子。谁承想，王致和这次非但没有盼来喜报，反而等来了举家大祸的家书。

午门外，翘首看榜的举子们几家欢喜几家愁，哭的多笑的少，哀叹声，号啕声，捣衣沾襟，捶胸顿足，窘态百出。王致和又一次跌入了命运的谷底，人潮退去，他依然直直地僵立在原地，一任雨水冲刷着身体，浑然分不清是现实还是梦境，只觉得头发沉，脚发飘，“腾云驾雾”、跌跌撞撞地一路乱走，刚走到歙县会馆门口，就一头扑倒在韩崇礼身上：

“解元公啊，您这是怎么了，难道这一科又——”

“落第了……又……落——第——了——我明明看见，‘王致和’三个字在皇榜上写着呢，怎么一下子又没了——”

王致和说话颠三倒四，脚下踉踉跄跄，好似踩着一摊软泥，狼狈落魄的样子着实吓了韩冬雪父女一跳，韩崇礼朝冬雪使了个眼色，示意她把徽州府刚刚寄来的家书藏好，两个人连拽带拖地把王致和弄进屋里。这一路淋了雨水，又受了刺激，王致和回到会馆后就高烧不退，整夜整夜地说着胡话。

“冬雪啊，快着，到西打磨厂‘同仁堂’药室去请乐掌柜来，给王解元看病，快去——”

“爹，您千万看好了他，别有什么闪失，我快去快回——”

韩冬雪应声出了歙县会馆，径直奔西打磨厂“同仁堂”乐家药室跑去……

说起乐家药室，这其间还有一段动人的故事。列位看官一定会琢磨，“同仁堂”乐家药室的掌柜是何许人也？与徽州举子王致和有何牵连？为何笔者要在这里添上一些笔墨？笔者以为，既然是“故事”，就难免融入后人对历史的考究与揣度，史说也好，戏说也罢，只要合乎情理，便可打动人心。那么，就请您耐着性子，听笔者细细道来。

原来，韩崇礼说的乐家药室，就是今天名扬中外的“同仁堂”的前身。康熙八年（1669 年），一个名叫乐显扬的人在北京前门以东的西打磨厂创办了被后人誉为“大清药王”的同仁堂药室。

乐显扬（1630 年—1688 年），字梧冈，号尊育，祖籍浙江省宁波市慈溪县，曾官任清初太医院吏目，晋封文林郎，赠中宪大夫。其人秉性朴诚，居躬简约，喜阅方书，善辨药材。乐显扬生活在清朝康熙皇帝统治初年，他的曾祖父乐良才，于明永乐年间定居北京，是一位手摇串铃、奔走在大街小巷行医卖药的铃医。

乐显扬自幼非常聪敏，勤奋好学。他牢记祖训，努力学习中医药经典，积累医疗经验。乐显扬开始也是铃医，由于他出身铃医世家，在行医卖药过程中积累了丰富的医药知识和医疗经验，因此，在中医药学方面有很深的造诣，在北京地区小有名气，后经人介绍进入了清皇宫，当上了太医院的吏目，结束了乐氏祖传的铃医生涯。

乐显扬在清皇宫待了一段时间后，目睹了宫廷内部的尔虞我诈和一些官僚的腐败行径。有一年，京郊大兴水患成灾，皇帝拨了救济款赈济灾民，但由于中间官僚层层盘剥，到灾民手中的银两竟不足拨付的十分之一，康熙皇帝异常震怒，严惩了一些官僚。

同仁堂创始人乐显扬彩绘

同仁堂药铺旧址

乐显扬在太医院知道了案件的全部过程，就在同僚们议论纷纷的时候，乐显扬沉默不语。一个同僚问："乐吏目，你在想什么？你还记得今夏水灾后我们为灾民看病的情况吗？"

乐显扬没有正面回答同僚的问题，他深思良久说道："一个良医胜过一群贪官！济世养生，靠当官的没有把握，只有良医用药，才能给众多穷苦百姓带来生存的机会。"接着，乐显扬又说，"我是医生，我宁愿做良医，济世养生，也不愿为贪官，残害百姓。"说罢，抬头仰望紫禁城外的天空，拂袖而去。

乐显扬抱定了"济世养生唯医药"的宗旨，从此更加淡泊功名。到康熙八年（1669年），乐显扬辞官回家，开始为百姓治病。刚开始，乐显扬只为病家诊脉、开药方，经过一段时间以后，乐显扬感到应该有一个药室，既能开处方，又能拿药，会大大方便病人，也能使自己的配药技术得到应用。

经过几个月的筹备，乐显扬在前门外的西打磨厂开了一家药室，具备了制作丸、散、膏、丹的条件。药室的名称怎样定呢？乐显扬想起了儒家的经典，想起了古代所谓大同社会的标准："大道之行也，天下为公，选贤举能，讲信修睦。故人不独亲其亲、子其子。……是为大同。""大同社会是天下为公的，就取一个'同'字吧！"乐显扬定了药室名称的第一个字。第二个字呢？乐显扬想到了仁字。"仁者，爱人也。""济世养生，不就是最大的爱人吗？"想到这里，药室名称的第二个字也定了下来，组合成了响亮而充满丰厚历史意蕴的名字，难怪乐显扬对来到他药室的人这么说："'同仁'二字，可以命堂名，君喜其工而雅，需志之。"乐显扬说这话的时候，正是康熙八年（1669年）秋天，也就是王致和刚刚来北京参加第一次会试的时候。

乐显扬有四个儿子，三人从事他业，唯有第三子乐凤鸣恪守父训，接续祖业，于康熙四十一年（1702年）在北京前门外大栅栏路南开设同仁堂药铺，并在康熙四十五年（1706年）分别汇集成《乐世代祖传丸散膏丹下料配方》《同仁堂药目》二书，使同仁堂声誉大振，迅速传遍全国，不但一般病家、客商云集赐顾，连雍正初清宫御药房用药亦必指令到同仁堂拣选。自从北京同仁堂药室创办以来，不仅名盛于当时，而且历数代而不衰，载誉达三百年之久；不仅流传于口碑，亦屡屡见诸翰墨，真可谓是中国药业史上一个奇迹。后世在北京大栅栏同仁堂找到了一块由清代平民进士孙岳颁题写的老匾，成了这段历史的见证，故乐显扬为北京同仁堂肇始之祖。

下面笔者就要说一说乐显扬与王致和之间的始末情由了。历史有时候就是这么巧合，乐显扬在西打磨厂创立“同仁堂”药室是清康熙八年（1669 年），而王致和凭借一己之力在京城开始卖豆腐生涯也是这一年，同仁堂与王致和，这两个老字号从诞生之日起，似乎就有着千丝万缕的因缘际会。

话说王致和第一次会试失利后，每天挑着担子走街串巷卖豆腐，时常从前门外西打磨厂一带经过。此时，乐家药室刚刚开业，不少京城百姓都慕名到此求医问药。

“‘同仁堂’是宫里御医开的药铺，乐掌柜，他就是为咱们穷苦老百姓治病的。”

“听说，这‘同仁’两个字里面的学问，可大着呢！”

……

王致和毕竟是胸藏翰墨的儒生，耳闻目睹中，他对乐显扬的身世经历感到十分钦佩，对“同仁堂”堂名的来历更是充满了好奇，一直想找机会拜会一下乐显扬。一天晌午，王致和刚刚卖完整整一担南豆腐，恰巧走到乐家药室门前，望着药室门前“同仁堂”三个醒目的大字，心中肃然起敬，便径直走了进去。

乐掌柜，求求您，救救我的孩子吧！

王致和走进药室，只见一个中年女子跪在地上，哭得泣不成声。一个四十岁上下的男子，边搀扶女子起身，边紧锁双眉地说道：

“大姐，眼下要救孩子的命，只有用紫血散，只是——同仁堂刚刚开业，底子薄，这熬制紫血散入药的黄金，一时难以筹措——”

“乐掌柜，大家都说，只有‘同仁堂’能救我们穷苦老百姓的命，您想想办法，救救孩子吧！”

王致和见此情形，不由得心生恻隐，连忙从衣衫里掏出刚刚卖豆腐挣的银子，说道：

乐掌柜，这点银子您先收下，不够的话，我再去想办法，无论如何，一定要救孩子一命！

乐显扬闻言望去，见王致和一袭布衣，肩挑担子，一副儒生模样，而且对贫苦百姓心怀恻隐，顿生倾慕之心。

“这位小兄弟，看你相貌斯文，心怀恻隐，不知是哪里人氏，在京城何处供职？”

“在下安徽仙源县王致和，乃是上一科的举人，此番会试落第，暂留京城，靠祖传手艺磨豆腐为生……”

“磨豆腐？”

“对！致和要靠磨豆腐苦熬三载，再战鳌头，为平民举子争一口气！”

同一番人生风雨，乐显扬辞官开药室，王致和挑担卖豆腐，为的都是一个义字。言谈间，二人顿觉一见如故。

“小兄弟，你靠磨豆腐自食其力，立志为平民举子争口气，真是有骨气之人啊！”

“乐掌柜，致和钦慕‘同仁堂’大名，更敬佩您心系百姓的忠肝义胆！您一定要想想办法，救救这个孩子的命！”

“小兄弟，你一介‘豆腐儒生’都能倾囊相助，解百姓之苦，我乐显扬身为医者，怎能见死不救！辞官之时，当今万岁曾御赐我‘预领官银，独办官药’的特权，事不宜迟，我这就到礼部衙门走一趟，预支官银，救济百姓！”

……

就这样，王致和与乐显扬在“同仁堂”乐家药室相识相知，因乐显扬年长，王致和尊其为兄长，二人时常在一起抒怀畅谈，文墨相酬，结下了君子之交。

“一个良医胜过一群贪官！……”乐显扬的话深深地震撼着王致和，他也曾无数次在心底问自己，考功名、求仕途究竟是为了什么？如果能像乐显扬那样，做一个为老百姓解救疾苦的人，实实在在地做一番事情，岂不是比庸碌为官更有意义？不过，此时的王致和对科举进仕并未彻底死心，他心底还有一团火焰，还要为平民举子再搏一搏，但像乐显扬一样为老百姓做实事的念头，也深深地扎根在心底……

这段因缘暂且说罢。话说韩冬雪急匆匆地奔了西打磨厂，到乐家药室找到乐显扬，将王致和的病情一五一十相告，乐显扬赶忙跟随韩冬雪来到歙县会馆，此时王致和已然神志不清。乐显扬屏息凝神，为其诊脉，韩崇礼小心地问道：

乐掌柜，王解元的病到底要紧不要紧啊？听王解元说，你们是义结金兰的兄弟，他的病就全拜托您啦！

乐显扬悉心诊脉后，开了一剂安神解郁的药方，随即安慰韩崇礼父女道：

你们不要着急，我这小兄弟上科落第，三年苦熬，郁结在胸，科举入仕之心一直未泯，熬了多少心神气血，他也是该有此劫，常言说，心病还须心药医。我用一些安神解郁的药，待烧退了，再慢慢滋养气血，只盼他此劫之后，醍醐灌顶，醒了痴梦，才能彻底治好心疾！

韩崇礼父女听乐显扬这样说，悬着的心才稍稍放下，韩冬雪守在王致和身边，煎汤熬药，不离左右，一连十几天，王致和终于转危为安。

王致和的身体渐渐痊愈，这才想起自己参加会试前，把没有卖完的豆腐切成小块，放在坛子里埋在地下，大概有小半年的时间了。他赶忙拿起土锹，三两下把坛子刨出，准备第二天挑着豆腐再到街上去卖。没想到一打开坛子，一股扑鼻的恶臭，差点儿把他熏个跟头。他借着烛光往坛子里一看，不禁冒了一身冷汗，每块豆腐上都长满了一层茸茸的白毛，样子甚是吓人。

天哪，我王致和时运不济，一连两试不中，就连做豆腐，都能做出长了毛的“毒药”来——这分明是老天爷在绝我的路呀——

彼时，韩冬雪端着一碗安神汤走进来，瞧见王致和哭哭笑笑地自言自语，以为他旧疾复发了，上前一看发了白毛的豆腐，先也吓了一跳。

“大兄弟，这豆腐埋在地下有多久了？”

“大概——有小半年的时间了……”

“你还记得这豆腐是怎么做的吗？”

“我怕豆腐坏了，就一层豆腐，上面撒一层花椒，一层盐……一层豆腐，一层花椒一层盐……”

韩冬雪顺势拨开覆盖在豆腐上的白毛，虽然上面散发着臭气，但下面的豆腐并没有变色，她夹了两块剥去浮皮，放在口中嚼了几下，咂一咂滋味，好像猛然想起了什么，赶忙回房去叫韩崇礼。

爹，我听你说过，徽州府有道名菜臭豆腐，闻着臭，吃着香，只是年久失传了，你来尝尝，是不是这个味儿……

曲剧《王致和》剧照——《臭豆腐飘香 妇孺皆知》

韩崇礼用鼻子嗅了嗅，蘸一小块在嘴里抿了抿，连连点头。

“没错，就是这个味儿，刚入口又咸又黏，再一回味，滑溜溜，软糯糯，越嚼越香，多少年没有尝到这个味儿了，真带劲！”

“我说大兄弟啊，你这是时来运转，否极泰来，歪打正着地把咱们徽州府的名菜臭豆腐给做出来了，你还记得妙峰山上抽的签吗？‘绝地重生’，这就叫——天助自助者，天无绝人之路！”

王致和听得半信半疑，索性拿起一块馒头，将两块泛着白毛的豆腐夹在中间，大口大口地嚼起来，没想到越吃越有味，一下子胃口大开，竟然一口气吃下了两个大馒头。

我在家磨豆腐的时候，倒是听我爹说过徽州腐乳，没想到，这豆腐在坛子里一封小半年，时间、温度、材料刚好合适……

韩冬雪猛然间灵机一动，拍着王致和的肩膀说。

“大兄弟，你仔细算算这笔账，做臭豆腐，不受季节、气候影响，比卖豆腐稳赚不赔，咱京城的老百姓无论贵贱，家家户户都离不开佐餐小菜。依我看，你不如就在这琉璃厂、大栅栏一带开个臭豆腐店，再雇上几个伙计，前面卖，后面做，保准生意兴隆！”

“致和啊，冬雪说得在理，我看你踏实肯干，头脑灵活，干臭豆腐买卖准能行，这也是时机凑巧，老天爷助你一臂之力呀！”

听着韩冬雪父女俩的话，王致和猛然间打开了一扇心门。一连两试不中，困顿京城三年，他本已心灰意冷，对科考再无希望，如今，另一条路摆在自己面前。王致和心里琢磨着，当初自己千里迢迢来京城赶考，是为了光宗耀祖，改变王家世代卖豆腐的命运；后来咬牙留下，是为了在京城求条生路，给卖豆腐、卖砚台的平民举子争一口气；而如今，靠自己的一技之能回报京城百姓，让这小小臭豆腐成为百姓餐桌上买得起，吃着香的佐餐美味，又何尝不是人生的另一条阳关大道呢？

正在王致和左思右想、心思辗转不定之际，会馆外忽然传来一阵瘆人的疯笑。

“哈哈哈，我中了，我中了，我是天子的门生了——”

“不好啦，快来人，老王举人昏死过去了——”

王致和、韩冬雪和韩崇礼赶忙跑出去，只见老王举人口吐鲜血、面色惨白，一声疯笑后便昏厥在地。三人忙把他拖进屋，床榻前，奄奄一息的王举人形如枯槁，瘦得只剩下一把皮包骨头，看上去让人心酸。

老王啊，这里没有别人，你还有什么话，就对我们说吧——

疯傻痴癫多年的王举人，此时好像骤然清醒了过来，他紧紧握着王致和的手，断断续续地说道。

十年科考如炼狱，我终于可以解脱了，我要回去了——我的妻儿，还在家里盼着我，我要——梦——醒——还——乡——

王举人带着无尽的怅恨离开了人世……

这一夜，王致和彻夜未眠，一幕幕画面，一段段往事，在他眼前翻江倒海，他陡然想起了当年在石板桥边遇到的那位老秀才，再想想饮恨而去的王举人……历经科考艰辛，人世跌宕后，再来品味这一句“梦醒还乡”，王致和蓦然间大彻大悟。

人生在世，总要脚踏实地做成一件事，既然科考的大门不为我打开，老天爷又让我王致和歪打正着地创制出臭豆腐，那我就把这臭豆腐的“文章”做大、做好！

第二天，王致和找来韩冬雪父女，把经过一整夜慎重思考做出的决定坦诚相告。

冬雪姐，韩老伯，我想定了，人生在世路千条，大丈夫顶天立地，能屈能伸，只要能为苍生百姓谋福，不考功名又如何？这北京城前门外，从乐家药室“同仁堂”，到大大小小的商铺，哪一个不是靠真手艺、真本事安身立命！乐大哥说过：“一个良医胜过一群昏官。”我王致和虽然不能做良医，为老百姓治病，但我能给他们做佐餐的臭豆腐，百姓们终其一生，图的不就是衣食饱暖，体安身健吗？从今往后，这豆腐坊——就是我王致和的四时寒暑，天地文章，只要百姓们吃得喜欢，我愿做一辈子豆腐郎！

韩冬雪听王致和说出这一番肺腑之言，不由得为他这三年来的蜕变和成长由衷地高兴。

“大兄弟，有志气，是爷们！同仁堂的‘药’不但治好了你的病，还医好了你的心结，听你这番话，我和爹总算是放心了！这些日子你病着，我们真怕你想不开，有个好歹，有件事一直不敢告诉你，这封家书——”

“家书？”

韩冬雪从衣袖中取出一封褶皱的书信，信笺上一行娟秀的蝇头小楷。王致和一看便知是春雨的笔迹，赶忙拆开展读，不禁大惊失色，号啕大哭。原来，仙源县连年遭灾，王母年前不幸染病故去，今春又逢瘟疫，王家四口人皆染病在床，王老实病体沉重，春雨母子也是凶多吉少……

致和我夫，三载离别，苦情如海，见信速归，春雨泣书——

一封家书，声声血泪，字字含悲，更令王致和心如刀绞，五内俱焚。

韩老伯，冬雪姐，致和滞留京城三载，愧对妻儿父母，我要回去，一时一刻也不能等了！

此时此刻，比王致和更揪心的人莫过于韩冬雪。三年来，她深深埋藏着对王致和的一腔真情，像父亲说的那样——发乎情，止乎礼，从不敢越雷池一步，这次王致和会试落榜，又病体垂危，她早在心底打定了主意，只要心上人能重新振作起来，哪怕自己一辈子不嫁，也愿意守在他身边。

“大兄弟，你莫悲伤，冬雪有一句话，憋在心里好久了，这辈子，作妻也好，作姐也罢，我愿与你祸福同担……你回去探亲，倘若弟妹安好，你务必把她们母子接来，一家团聚，倘若——她有个三长两短，冬雪愿为你养儿养女，生生死死守在你身边！”

“冬雪——”

王致和再也抑制不住内心澎湃的感情，两个人相拥而泣。韩崇礼站在一旁，不觉听得动了心，也一个劲儿跟着抹眼泪。

“好了，好了，致和，常言道：‘姻缘是缘’，是你的躲不开，不是你的争不来。不管冬雪是你的姐，还是你的妻，这三年来咱们风风雨雨，同吃同住，就像一家人一样，你这个儿子我是认定了，打今儿起，你就改口，叫我一声爹吧！”

“爹——”

王致和深深地跪拜在地，与韩崇礼、韩冬雪执手相牵，三年来的委屈、困顿、感激，一时间化作了倾盆泪雨。

故事写到这里，我们不妨再来说说封建科举制度。科举制度历经1300年之久，对中国社会、历史产生了极大的影响。它不但决定应试者个人的前途、命运，以及家族的兴衰，而且左右着当时的政治、士风和整个社会的价值观念。

“万般皆下品，惟有读书高。”这是封建社会禁锢着多少读书人思想的金科玉律。中国封建社会是由“士、农、工、商”组成的“四民社会”，《汉书·食货志》中说：“学以居位曰士，辟土殖谷曰农，作巧成器曰工，通财鬻货曰商。”这里强调士的地位最高，而商的地位最低。在清朝雍正皇帝颁布新的赋税政策之前，官绅和读书人都是享有免税待遇的，不用说举人、进士，就连一个小小的秀才，在公堂上都可以站而不跪，甚至获得免死的特赦，这就是国家给予读书人的尊严和阶级地位。

就科举选官而言，最终的结果是产生两部分人，少部分人金榜题名，步入仕途；而一大批人则会成为落第者，或止于举人，或止于生员。当历经十年寒窗而名落孙山时，落第者心中大都埋藏了一种自尊心受到严重打击的酸楚。他们不仅要承受落第的沉重打击，甚至还要面对周围人的冷嘲热讽、邻里的议论，以至造成一些人“无颜做人”的极端自卑心理。

清代蒲松龄屡试不第，在他的文字中，是这样描绘落第那一刻的沮丧心情：“忽然而飞骑传入，报条无我，此时神色猝变，嗒然若死，则似饵毒之蝇，弄之亦不觉也。”

更有科场失意者走向了另一个极端，对抗、反叛朝廷。唐末的黄巢在饱尝科场失意的痛楚后写了《赋菊》诗一首：“待到秋来九月八，我花开后百花杀。冲天香阵透长安，满城尽带黄金甲。”最终竖起了起义大旗。

清朝太平天国的天王洪秀全，早年为广东花县童生，屡试不第，于是气愤不平，高吟反诗：“龙潜海角恐惊天，暂且偷闲跃在渊。等待风云齐聚会，飞腾六合定乾坤。”

那么，面对落第引发的种种社会问题，历代统治者有没有制定完善的制度呢？有！以清代为例，面对落第士子的沮丧和怨恨，清政府采取了一系列的安抚措施。

康熙时明确规定，在乡、会试榜发后，10日内允许所有未中之考生领取自己的试卷阅看，不许考官“藏匿勒索”；落卷必须由同考官批注不中之缘由，如果考生认为同考官“妄抹佳文”，允许该生赴礼部控告。这项措施一直执行至清末。

另外，恩赐落第士子，赏给职衔，是清代安抚措施的另一重要内容。乾隆元年（1736 年），赏给会试落第、年龄在 70 岁以上者 33 人助教、知县、中书、学正等职衔，其后又多次恩赐老年落第者各种职衔。雍正时，为安抚落第者，每于榜发后发给会试落第举人回乡路费。起初只发给云南、贵州、广东、广西、四川 5 个边远省份的落第举子，后又遍及全国各省。

此外，清政府还为落弟者提供入仕机会，制定了一系列安置措施。一是“举人大挑”，始于乾隆十七年（1752 年），至乾隆三十八年（1773 年）成为定制，每 6 年举行一次，凡三次参加会试未被录取的举人可以参加挑取，各省按一定的比例分配名额，边远省份略有照顾。选中者分二等，一等用为知县，可借补府经历、州同、州判、县丞等；二等以州县教职用，可借补训导。此制一直实行至清末。二是“明通榜”，即在会试落卷中挑选一些“文理明通”者，由吏部记名，以本省州县学的学正、教谕等教职补用。三是“中正榜”，于当年会试落第的举人中挑选一些符合要求者，用为内阁中书和国子监学正、学录。四是考取官学教习及挑誊录。所有这些安置措施都表明，清政府是要给落第士子尽量多的就业机会。

颇为有趣的是，在科考取仕这条路上，确实有不少终其一生，不中功名誓死不归的人。据记载，康熙三十八年（1699 年）己卯科广东乡试，佛山有一位 102 岁的老生员黄章应试，入场时，大书“百岁观场”四字于灯上，并自言：“吾今科且未中，来科百五岁亦未中，至百八岁始当获隽，尚有许多事业，出为国家效力耳。”

因此，对王致和而言，摆在他面前的路无非有几条：一是继续科考求仕，甚至终老考场；二是等待清政府对落第士子的安置政策，以补候缺；三是回乡做个教书先生，安度余年；再有，就是摆脱科举束缚而转从他业，另谋生路。从落第者的总体就业状况看，他们的职业及社会地位要远远优于一般的平民百姓。况且举人也有旗匾银之赏，可以在家乡树旗挂匾；生员也有一定的特权，可以优免丁粮。尽管最终没能登进士第，但举人、生员还是会因为读书而受益。

王致和的故事之所以有现实意义，是因为他在众多人生抉择中，选择了一条脚踏实地、融入社会的路，在屡受挫折后，能够调整心态，果断地从科场的束缚中摆脱出来，努力寻求新的发展途径，最终找到自己新的人生价值和定位。

我们设想一下，如果王致和继续科考，抑或等待安置，或许清政府会多一个官吏，或是千年科考史上又多了一位“扶杖而行”的老举子。但王致和恰恰选择从哪里跌倒，在哪里爬起，另辟蹊径，务实发展，重新寻找自力更生的出路。这对当时的读书人来说，无疑需要一份绝地重生的胆魄和勇气，同时也得益于清朝初年（康乾盛世）政通人和、安定团结的社会风气，以及北京城这块天子脚下风水宝地包容、豁达的淳厚民风，外因的催化与内因的觉醒，二者共同作用，才成就了“沉舟侧畔千帆过”的王致和。在后面的故事中，他还将经历人生中铭心刻骨的人情冷暖，真正迎来“病树前头万木春”的峰回路转、柳暗花明。

第三章

Chapter 3

初创基业

朗朗乾坤下的『王致和』南酱园

第一节

南酱园香飘延寿街
重义人同心诉衷肠

花开两朵，各表一枝。话说王致和归心似箭，快马加鞭，顺着新安江一路南下，赶回了仙源老家。家中的境况暂且不表，我们再说韩冬雪父女俩，忙前忙后小半个月，终于在北京前门外以西的延寿寺街租下了一间铺面房，再经过一段时间的整修，雇了几个伙计，就准备开张营业，给王致和做臭豆腐买卖。

说起这延寿寺街，那可是清代老北京三条著名的商业街之一，见证了清初老北京前门一代商贾云集、繁华林立的商业风光。延寿寺街是一条南北走向的小街，从明朝起就是一条繁华的商街，以街内有一座延寿寺庙而得名。据《宸垣识略》一书所记，延寿寺建于辽代，是一座巨刹，其西南琉璃厂皆为该寺之地。北宋时期，辽国南侵时攻破汴京，所掠之车辇全放于此寺中。后延寿寺被毁，明正统时又重建，现已无存，而延寿寺街名却一直沿用至今。

延寿寺街南起东琉璃厂东街东口，北至大耳胡同，宽不足5米，形似一条鱼骨状，以当时的商业价值来看，地理位置十分优越。在这条南北长约百多米的街道上，总共有一百多个大小林立的商铺：油盐点，粮店，猪肉铺，羊肉铺，茶叶铺，香油坊，药铺，糕点铺等等，从吃穿用度，柴米油盐到笔墨纸砚，婚丧嫁娶，林林总总，一应俱全，附近居民不用出街就能解决一切生活所需。

在这里，笔者需要补充一些重要的历史资料，以便读者们对

《王致和南酱园》 杨信 绘

清朝初年王致和开创“臭豆腐”基业的社会环境与时代背景有所了解，去繁就简，咱们就从康熙帝擒鳌拜讲起。

顺治十八年（1661 年），顺治帝驾崩，8 岁的爱新觉罗·玄烨继承了皇位，成了清朝入关后的第二位皇帝，次年，正式改年号为康熙。康熙 8 岁继承皇位，14 岁亲理政事，在位 61 年，是清朝在位时间最长的一位皇帝。

当时，由于康熙帝年少，国家政务由索尼、遏必隆、苏克萨哈和鳌拜四个大臣辅理。这四个辅政大臣中，索尼年老体衰，遏必隆软弱无力，苏克萨哈虽然有一定能力，但远不是鳌拜的对手，最后被鳌拜诬陷致死。朝政大权被操控在专横跋扈的鳌拜及守旧派手中。鳌拜根本不把年纪轻轻的康熙放在眼里，官员们呈送皇帝的奏折，他经常不给康熙看就自作主张。他还打出“率祖制、复旧章”的旗号，对西方的先进科学采取排斥的方针。

专权的鳌拜和年少登基、准备励精图治的康熙帝，在很多根本问题上矛盾越来越尖锐。例如，康熙帝主张通过改革使满族统治者进一步封建化，抑制吴三桂等“三藩”的割据势力，统一台湾、对西北噶尔丹的分裂势力要引起足够的重视等，这些重大问题和主张，都遭到了鳌拜的强烈反对。康熙帝清醒地认识到，如果任由鳌拜继续专权下去，不仅对自己的帝位是严重威胁，而且将会给清王朝的基业带来不利的影响，后果是不堪设想的。

康熙六年（1667 年）八月二十五日，14 岁的康熙皇帝决定亲理政事，此举更加激化了他与鳌拜之间的矛盾，直到康熙八年（1669 年），康熙终于下决心除掉了鳌拜，真正开始大展鸿图，建功立业。康熙亲政后，敏锐地察觉到“三藩”已经成为国家的心腹大患，把它列为自己必须要解决的三件大事（“三藩”、漕运、河务）之一。

在政治上，康熙为了维护、巩固封建国家的利益，改革了中央机构，加强中央集权；为了维护国家的统一，平定了三个藩王的叛乱活动后，继续开展了收复台湾、捍卫东南海疆的斗争。康熙二十四年（1685 年），他又出兵驱逐盘踞黑龙江流域雅克萨的沙俄侵略军，遏制了沙俄对华侵略的野心；此后，他又派兵消灭了噶尔丹集团、阿拉布坦叛军，再次打击了沙俄，巩固了祖国的西北、西南边防，使中国形成了一个疆域辽阔、民族众多的统一国家。

政治上的安定，促进了经济的繁荣发展。在经济上，康熙注意减轻赋税，减免钱粮，赈济饥民；治理黄淮，兴修水利；奖励垦荒，扩大耕地面积；废除迁海令，开放海禁，推行有利于工商业发展的政策，大大促进了国家经济的发展。

此外，康熙帝还贯彻怀柔的满汉融合政策，对汉人更加团结，造就了安定祥和的社会环境，使得各种商业、手工业得到长足发展，这就为像王致和这样屡试不中、后来弃学从商的手工业者们提供了极其有利的政治环境和社会条件。

讲完了康熙初年政通人和的历史背景，笔者再来说说商业、手工业发展的社会环境。王致和初创南酱园的地方，就在前门外大栅栏一带的延寿寺街，这里充满了浓郁的老北京商业氛围，堪称一块兼具“天时地利人和”的风水宝地。

说起前门外的大栅栏，历史上就是京城最繁华的商业街区，它东起珠宝市街、粮食店街，西至南新华街、延寿寺街，北至廊房头条、北火扇胡同、东南园胡同，南以大栅栏西街和铁树斜街为边界，总占地面积达到 47.09 万平方米。许多著名的百年老字号都集中在这里，大至名声显赫的“同仁堂”药铺、“张一元”茶庄、“瑞蚨祥”绸缎庄，小至清乾隆年间卖果脯蜜饯起家、后来声名远播的“信远斋”酸梅汤，创立于明嘉靖年间的“花汉冲”香粉……每个老字号背后，都有一段耐人寻味的故事。

元朝时，大栅栏一带还属于城郊，南方的商旅经由大运河把货物送抵元大都后，在城门外上岸，就地搭建棚房，装卸存储货物，逐渐形成了一片热闹的街市。到了明朝初年，明成祖朱棣定都北京，重新疏浚运河，实现南粮北运，又从南方迁入大量人口来此居住，占尽天时地利的大栅栏便日益兴旺起来。后来，明孝宗为了避免盗匪侵入，就在周围建起了木质栅栏，久而久之就形成了北京人口语化的“大栅栏”了。

从古至今，大栅栏就是民生与国运的见证者。它紧靠北京城的中轴线，距离皇城不过两公里，凭借地理优势，上至皇亲国戚，下至平民百姓，都到这里来采买生活所需。清朝中后期，大栅栏街区发展达到鼎盛，数不尽的老字号在这里应运而生。

创立于嘉庆年间的“马聚源”，在清朝时是给官家做官帽的；开业于咸丰年间的“内联升”，售卖的是传统的手工千层底布鞋，每双鞋都要经过九十多道工序才能完成，仅千层底的缝制就需要两千多针；开业于光绪年间的“张一元”，出售浙江龙井、福建乌龙、云南普洱，还有老北京人最喜欢的茉莉花茶。

在老北京有这样一句顺口溜——头顶“马聚源”，脚踩“内联升”，身穿“八大祥”，腰缠“四大恒”。所有的这些老字号之所以能够历经上百年而长盛不衰，最重要的秘诀就是，赚钱只赚该赚的钱，做事不做亏心的事，他们为后人留下了旧时老北京的记忆，也为后世留下了诚信经商的商业智慧与精神财富。

凭借着“财自道生，利缘义取”的文化底气，大栅栏成为了北京城最繁华的商业中心。最鼎盛时期，老街上共有 26 家银号、87 家钱庄、92 个行业、782 家店铺，老北京的“七大戏楼”有六座在大栅栏。

正所谓“天时、地利、人和”，有了康熙初年满汉融合、商业手工业长足发展的“天时”，又有了前门外大栅栏一带商贾云集、风生水起、得天独厚的“地利”条件，再加上韩冬雪父女与京城百姓的殷殷鼓励、鼎力相助，王致和最终决定弃文从商，在京城开创“臭豆腐”买卖，便是水到渠成之事！

“伙计们，加把劲儿，过些日子，王解元就要回京了，咱们这‘王致和南酱园’就要正式开张啦——”

“是啊，你们记好了王解元说的，点豆腐不用酸汤，用盐卤，这豆腐做出来才咸鲜嫩滑——”

“还有——”

几个伙计不等韩崇礼把话说完，就撸起袖子，异口同声地喊道：

“一层花椒，一层盐，一层花椒，一层盐——”

“对，‘王致和’臭豆腐，闻着臭，吃着香……”

这一天正午时分，位于延寿寺街西侧的“王致和南酱园”正式开张，酱园门前彩绸高挂，鞭炮齐鸣，百姓们纷纷前来道贺。韩冬雪父女俩一面笑脸相迎地招呼大家，一面进进出出忙活着店里的生意。

“恭喜，恭喜，王解元弃文从商，他创制的这个臭豆腐啊，闻着臭，吃着香，我们四九城的老百姓，买得起，吃着喜欢，每天扒拉两块臭豆腐，再炸点花椒油往上一浇，就着咱老北京的窝窝头，嚼在嘴里，那才叫一个香！”

“是啊，这才叫咱们老百姓的本命食！真要好好感谢王解元！”

“冬雪姑娘，怎么只见你们爷俩里里外外忙活，王解元人呢？”

“他呀，回乡探亲去了，算算日子，也该回来了。”

话音未落，只见赵胜启带着一伙人，龌龌龊龊地走了过来：

王致和南酱园，呸，一个卖豆腐的，也想当掌柜，他不回来也就罢了，他要是敢回来，我就和他扒拉扒拉算盘珠子，清算这三年的房钱，饭钱，灯油钱——

韩冬雪听罢，不慌不忙地挽了挽袖口，似笑非笑地走上前去。

“我说赵大人，您这话可说岔了，俗话说：‘成败不论出身。’大明朝皇帝朱洪武不也是个要饭的吗？您不提钱我倒忘了，这三年来，王解元用卖豆腐挣的钱，没少贴补会馆的生计，倒是您，几年来私自克扣举子们的供奉银两，一笔一笔，韩大姑娘都给您记着呢，要不要，我当着大家伙给您念一念啊——”

“你——好你个韩冬雪，你有本事，咱们走着瞧——”

众目睽睽之下，赵胜启自知理亏，灰溜溜地带着同伙离开了。一场风波刚刚平息，就听远处有人喊道。

“豆腐郎，不不，是王掌柜，带着媳妇回来啦——”

……

咱们再说王致和，数月前日夜兼程地赶回徽州老家，谁知，父亲王老实已经撒手人寰，春雨带着一对儿女，正跪在公婆的灵柩前守孝，白幡残破，孤灯摇曳，那情景甚是凄惨。

一别三年，曹春雨独自撑着王家门庭，上孝敬公婆，下抚养儿女，日间还要照料豆腐坊的生计，一个妇道人家，万般苦楚自不必多言。可她从无半句怨言，惟一支撑她的，就是王致和临行前执手相牵说的那句话。她相信，丈夫一定会回来，为她撑起一片天。

“领弟，门墩，快叫爹——你们不是成天嚷嚷着要见爹吗？看，你们的亲爹，他家来着（徽州方言）——”

“爹——”

王致和左拥右抱着一双儿女，不禁清泪纵横，自孩子呱呱坠地，他还是第一次见；妻子足月分娩的苦痛他未曾抚慰，儿女咿呀学步的辛劳他也未曾承担；两个孩子整天面对着石磨和拉磨的老灰驴，连亲爹的模样都没见过……

孩子，爹对不起你们，爹不是好父亲，不是好丈夫，更不是好儿子——

王致和长跪在父母灵前，又一次掩面而泣，没想到自己十年苦读，未能功名及第，光宗耀祖，到头来还是做了“生不能养，死不能葬”的“蔡五郎”，这命运的死结，究竟是谁一手而系？王致和仰面长吁，问天问地，天地无言。

安葬了父母的灵柩，又到村里拜别了老师和乡邻，王致和准备带着春雨与一双儿女离开仙源，返回京城经营臭豆腐生意，靠自己的一双手安身立命，闯出另一番天地。

“春雨，还记得致和当年答应过你的，我要带你飞出豆腐坊，看看外面的天——咱们明儿就动身，她，还在京城等着咱们呢——”

“她？——”

春雨听得心头一怔，似乎从丈夫的话里感知到弦外之音……

返京途中，春雨的一颗心七上八下，暗自琢磨着，丈夫时常挂在嘴边的那个“她”究竟是个怎样的女人，见了她自己该说些什么？又该以什么身份相处？她真希望，脚下的山水兼程，是一条永远也走不完的路，可是又盼着快些到京城，亲眼见见帮衬了丈夫三年的那个她……

千里之外的京城南酱园，韩冬雪也是心如乱絮，掐算着王致和回乡的日子，既期盼，又忐忑，三年来，好不容易把憋在心底的一腔真情吐露出来，倘若曹春雨真的来了，自己又该何去何从？

怕相见，盼相见，一路思量，一路期盼，两个女人还是见面了。四目相对，既陌生，又熟悉，两个人互相打量着，用欣赏而艳羡的目光望着彼此，似乎在对方身上寻找着自己的影子。春雨略显憔悴的面容依然难掩温婉如初，而冬雪经风历雨后愈显得风姿绰约，一个静如细流，一个动如飞瀑，都是善良的美神。

春雨整了整粗布绣花小衫，用手轻轻拂拭一下凌乱的发髻，嘴角微微笑着，仿佛天地江川都能被她的笑靥融化，明澈的眼眸里，看不到一丝一毫的猜忌和怨气；冬雪呢，虽然有些局促尴尬，但毕竟比春雨年长几岁多些阅历，拉过她的手来问长问短，说不完的体己话……

这一夜，两个女人都没有睡安稳，两间房的烛光一直亮着，命运抛给她们的，是一道似乎永远也没有答案的难题……

一清早，王致和到柜上打理生意，韩冬雪照例忙着酱园的里里外外，又是煮水泡豆子，又是调试腌制臭豆腐的作料。

冬雪姐，让我来——帮你吧——

春雨踱着碎步挑帘而入，依旧那样温婉地笑着，唇齿间却惜字如金，生怕自己哪句话说出口，让韩冬雪多心。

弟妹，你刚来京城还不习惯，多歇歇，我每天忙惯了，不碍事的——

韩冬雪说着，似乎觉得有些不妥，迟疑了片刻，又淡淡地说了一句：

谁让致和是我的亲兄弟——我是他的——姐呢！

心细如发的曹春雨分明看见，冬雪在说“姐”字的一刹那，眼角里泛着泪光，这一刻，她懂了眼前的这个女人。

这天夜幕时分，两间房里的烛光又都燃着，曹春雨借着灯蕊的微光，娴熟地穿针引线，想给韩冬雪绣一方锦帕，略表寸心。

想着心事，又想想眼下的情景，曹春雨深感女人这一生的不易，她和韩冬雪，都是挣扎在封建礼教中不甘向命运屈服的女人，倘若冬雪与致和日久生情，她宁愿委屈自己，让丈夫纳韩冬雪为二房。想着想着，春雨飞针走线地绣出了一幅“鸳鸯戏水莲并蒂”的花样，希望冬雪见了，能明白自己的一番苦心深意。

无巧不成书，那一边，韩冬雪也在窗前挑灯引线，土生土长的京城姑娘，性子直，里里外外一把手，做起女红来也是别有一副心肠。她想着，曹春雨千里迢迢从徽州到京城，自己总要送一份见面礼表表心意，于是就在新置办的一件小素夹袄上反复端详，绣上了一朵凌霜傲雪的寒梅，此中深意，恐怕看官们也能明白一二。

……

冬雪姐，这三年来——你辛苦了！

曹春雨是个识大体的女人，天生的蕙质兰心，这些日子，她从王致和口中听到了关于韩冬雪的点点滴滴，她的遭遇，她的性情，她对致和的知遇情义，春雨知道，在韩冬雪的大情大义面前，自己能做的，只有宽容和接纳。

这一方“鸳鸯绣帕”是我昨晚上绣的，姐姐千万别嫌礼薄轻微，致和来京前，我也给他绣过一个……我的心意，还望姐姐明白！

冬雪接过绣帕，倒有些局促不安起来，她知道曹春雨话外有音，赶紧挑开天窗把话点透。

“不不，弟妹，你千万别多想——这三年，你等得太苦了——要不说咱们姐妹一见如故，想到一块去了，我也给妹妹绣了个见面礼，这朵梅花就像我韩冬雪，风里来雪里长，一辈子从不低头，弟妹别笑话我是个寡妇人家，我呀，要的就是个清清白白，坦坦荡荡，若说我对致和没情义，那是假的，但要让我给他做二房，夹在你们夫妻之间，那可不是我京城‘姑奶奶’干的事儿！”

“冬雪姐——”

两个女人彼此坦诚相见，两颗心慢慢地靠拢在一起。此时，韩崇礼怒气冲冲地走进来，见韩冬雪又在酱园忙活着，更来了火气。

“我说闺女啊，你还在这儿忙前忙后，你去听听，外面的人风言风语，都在说你们些什么——”

“卑鄙无耻，一定又是赵胜启那个小人在背后使坏——”

王致和也满面怒气地走进来，一拳头捶在桌案上，不住地喘着气。原来，赵胜启怀恨在心，背地里教唆一帮七八岁的孩子围着酱园的门口乱唱：

豆腐郎媳妇南边来，
小寡妇磨豆没人爱，
臭豆腐名声要败坏，
两个女人，看他怎么去安排——

韩崇礼气得在屋里直跺脚。

冬雪，你听听，这都说的是什么，这酱园你还待得下去吗？你倒是说句话呀？

韩冬雪早料到赵胜启会来这一手，劝韩崇礼消消气先出去，让她留下和王致和、曹春雨说说话。

“大兄弟，天下没有不散的宴席，弟妹来了，我也该走了。临走前，就让我——再帮你磨一回豆腐吧——”

“不，冬雪姐，致和不能让你走，要是没有你，我王致和今天还不知道在哪儿苟延残喘，你的好，我都和春雨说了，你别担心，这些闲言碎语，淹不死我王致和！”

“致和说得是，冬雪姐，你不能走——”

“弟妹，我怕——我的存在影响你们夫妻的感情，乱了致和经营酱园的心。这京城人言可畏，流言蜚语，他的心里——装不下呀！”

“不，冬雪姐，刚才你的一番话让春雨惭愧，你不愧是北京

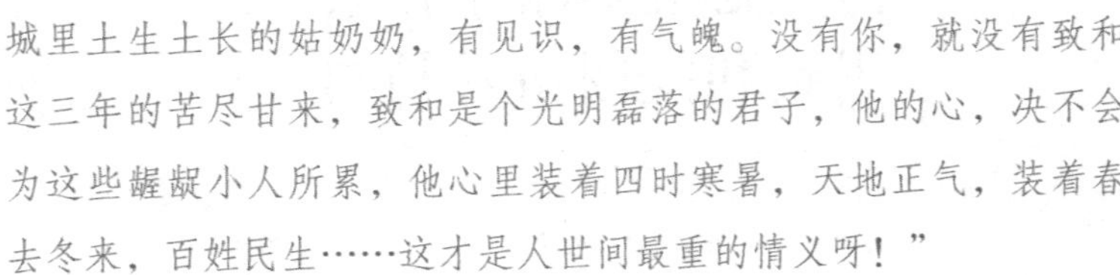
城里土生土长的姑奶奶，有见识，有气魄。没有你，就没有致和这三年的苦尽甘来，致和是个光明磊落的君子，他的心，决不会为这些龌龊小人所累，他心里装着四时寒暑，天地正气，装着春去冬来，百姓民生……这才是人世间最重的情义呀！”

曹春雨的一番话，也令韩冬雪刮目相看，她没想到，这个看似柔弱的徽州女子，竟也有如此湖海豪情。这一刻，她也真的读懂了曹春雨。

“春雨，我的好妹妹——”

“冬雪，我的好姐姐——”

此时的京城，秋意微寒，而南酱园里却情暖如春。王致和望着两个大义如山的女人，灵魂再一次受到震撼，决心重整旗鼓，把南酱园的生意经营得风生水起，用实实在在的人格魅力和老百姓的口碑还击那些无耻小人。

第二节

污吏赵胜启暗中作祟
王致和险闯南兵马司

清朝初年，康熙帝上演了智擒鳌拜的历史大戏，稳固了政权，展现出其文治武功的雄才伟略，而后南征北战，平定了不少叛乱，也推行了诸多有利于民的政策，使工商业获得空前繁荣的发展。就拿王致和创立南酱园的延寿寺街来说，在全长不足四百米的街市上，五行八作的传统店铺鳞次栉比，一家挨着一家。当时，南酱园的北侧是一家叫“增兴永”的煤铺，与之相邻的是卖馒头的“双和成”和“荣兴”酒铺，南侧是“李记”成衣铺和“胡记”早点铺。

每天早上，太阳的晨辉洒落在一家家小店铺黑底金字的匾额上，铺陈成亮灿灿的一片。掌柜们卸了门板，开了店门，一个个穿着齐整的长袍马褂，鞠着躬，作着揖，各自忙活起店里的生意。一屉屉热气腾腾的白馒头、一坛坛扑鼻醉人的米酒，还有南酱园里浓浓的臭豆腐香，让整条延寿街充满了人间的烟火气。

“王致和”南酱园开张后，每天人流如织，慕名来买臭豆腐的人络绎不绝，京城百姓都对这闻着臭、吃着香的佐餐小料赞不绝口。尤其是旁边煤铺里铲煤、运煤的师傅们，每天凭体力脚力干活，累得汗流浃背，特别需要补充盐分，歇息的时候啃着铺子里卖的白馒头，再就上一块南酱园的臭豆腐，那叫一个带劲儿，一天的辛苦全抛在了脑后。

最初，南酱园只雇了三四个小伙计，臭豆腐的腌制全由王致和一个人负责，从泡豆、磨豆到点浆、发酵，王致和亲力亲为，一个细节也不敢马虎。后来生意越来越红火，王致和思忖着，靠自己一个人连腌制再售卖，一来臭豆腐制作周期长，人手少应付不过来，二来也无法满足京城老百姓的需求，只有让更多人学会制作臭豆腐的手艺，才能让这闻着臭、吃着香的佐餐美味一辈辈地传下去。

于是，王致和在店门前立了一块“南酱园雇师带徒”的牌子，面向京城雇聘愿意学做腐乳技艺的师傅，由自己手把手地教，再由师傅传给徒弟。

豆腐哥要收徒弟啦，这下子，“臭豆腐”真的在咱们北京城扎下根了！

一时间，京城百姓奔走相告，尤其是那些家境贫寒的年轻小伙子，都想来给王致和当徒弟、学手艺，靠真本事自食其力。为了经营方便，王致和又在酱园北边租下了一间摆放腌缸、货物的小“堆房”。跑外进货的，在后院排缸腌渍的，在前面铺子里负责售卖的，南酱园里一时间多了七八个伙计，王致和先在他们中间挑选一两个头脑灵活的，跟自己学腐乳腌制的技艺，然后再由学成的“师傅”授技，传给其他伙计，这样一来，自己就可以全身心地投入到南酱园的经营中了。

一个个身强力壮的小伙子，在王致和的指挥下，每天从天不亮就开始忙活，一边围着石磨使劲儿推，一边唱着徽州的“劳动号子”。

嗨哟嗨哟，茴香豆腐干，不能自己端。吃得苦中苦，方为人上人……

王致和虽然弃文从商做起了生意，但他身上那股子读书人的斯文、儒雅却一点儿都没有改变。他一再叮嘱伙计们，做生意要诚信经营，货真料足，童叟无欺，每一次进料，泡发大豆，点卤制浆，以及腌制臭豆腐的温度、作料、时间……他都要亲自把关，遇到那些生活窘迫、家境贫寒的老百姓，他还会让伙计多盛上几块臭豆腐。对店里的伙计，也总是一副诚恳谦和的模样。

我王致和一介落第举子，蒙京城父老不弃，才在这北京城立下一锥之地，弟兄们信得过我，愿意和我一起干臭豆腐生意，从今往后，我们有福同享，有苦同吃，只要南酱园的买卖在，大家伙就饿不着，我相信，天无绝人之路，只要吃得苦中苦，咱们"五行八作"，行行都能出状元！

……

这天天色将黑，南酱园门前排队买臭豆腐的老百姓仍然络绎不绝。伙计们忙着从大缸里盛出一块块臭豆腐，再浇上浓浓的汤汁，放到百姓自带的小碗里，捧着心仪的佐餐小料，男女老少脸上荡漾起幸福的笑容。

《南酱园伙计腌缸》手绘图

快闪开——

忽然，从街市上横冲直撞地走来了几个南城一带的"地头蛇"，径直朝着南酱园走来。这些人仗着自己在衙门里有人庇护，附近商铺的掌柜都要敬他们三分，于是便到处仗势横行、敲诈勒索，搜刮民脂民膏。只见一个五大三粗的男人，站在南酱园门口，扯着嗓子吼道：

谁是掌柜的？快给老子出来——

伙计们一看这架势，赶忙到里面通报王致和。王致和闻声走了出来。

“在下就是南酱园的掌柜王致和，不知几位到此有何贵干？”

“南酱园，呸，不就是一个卖臭豆腐的吗？王致和，你身为落第举子，在这天子脚下，皇城根儿前开买卖，可知道咱们这地方上的规矩吗？”

王致和一见来者不善，心里虽有些忐忑，却也从容不迫，不温不火地说道：

“致和初来乍到，不谙京城的规矩，还请各位弟兄明示——”

“你可听说过一句话——县官不如现管，我问你，在咱们这京城地界，最有实权的官儿是谁呀？”

“这个——”

王致和迟疑了片刻。那人又接着说道：

顺天府尹——别看是正三品，官阶比不上九门提督和地方总督，可人家能和当今皇上说上话儿，这就叫——强龙压不过地头蛇！

王致和听罢，依然从容不迫地说：

致和只是一介落第举子，如今弃文从商，只知道，诚信经商，磊落做人，实实在在地做好这闻着臭、吃着香的臭豆腐，让京城父老吃着喜欢！

正说着，后面又凑上来一个人，嚣张跋扈地说道：

王致和，你少在这胡诌八扯，你在我们的地盘上做买卖，就得随行就市，别说是顺天府尹，就是五城兵马司的司官咳嗽一声，你这南酱园也得震三震！瞧好了，眼前这位，就是咱们这一片儿的“爷”，听说你这个月的生意不错，挣了多少，老老实实孝敬些，没你的亏吃——

王致和一看这些人明摆着是要敲诈勒索，那股子不服软的书生意气顿时也上来了。

这光天化日之下，你们是要敲诈勒索吗？我王致和信天信地，从不信恶霸地痞，南酱园里，只有一缸缸臭豆腐和一身正气，您几位要想尝尝，我一分钱不收。要是还想勒索要钱，那就别怪我闭门送客了！

这伙人一看王致和一身正气，软硬不吃，便歇斯底里地嚷道：

好你个王致和，敬酒不吃吃罚酒，实话告诉你，赵胜启大人已经上报礼部，革去了你举人的功名，你现在就是一个卖臭豆腐的，知趣的，就赶紧拿钱了事，不然的话，请你到南城兵马司里走一趟，尝尝挨板子的滋味——

王致和一听，原来又是赵胜启在背后作祟，心里又气又恨，随即挺直了腰杆说道：

“我王致和诚信经商，磊落做人，无愧天地，别说是南城兵马司，就是去金殿面圣，也坦坦荡荡，没什么可怕的——”

“好，王致和，你有种，弟兄们，把他带到南城兵马司，告他个目无法纪、奸诈经商，把这南酱园给我能搬的搬，能砸的砸——”

说着，这伙人撸起袖子连踹再砸，把南酱园铺面里糟蹋得一片狼藉，盛臭豆腐的大酱缸哗啦啦洒了一地，酱园的牌匾也被他们掀翻在地，老百姓们见状，有的吓得慌忙避闪，有的则站出来为王致和打抱不平。

“这几位大爷，王掌柜一向为人忠厚老实，做买卖货真价实，从不缺斤短两，在这延寿街上是有名的儒商，你们不能不分青红皂白，胡乱抓人啊——”

“是啊，你们又不是官差，仗着衙门里有人包庇，就随便抓人，这大清朝还有没有王法了——”

王致和见状，生怕连累了大家，赶忙说道：

“众位父老乡亲，你们不要为致和担心，我相信大清朝朗朗乾坤，不会任由那些卑鄙小人为非作歹，是非曲直，自会有公论！”

“少啰嗦，把王致和带走——”

……

一片嘈杂声中，王致和被推推搡搡地带出了南酱园，出了延寿寺街，径直朝南兵马司去了。

笔者简单介绍一下清代北京城的吏治。按照清朝官场的规矩，北京城内的大小事件，都由顺天府尹负责，由于顺天府直属朝廷，顺天府尹虽为知府，却位高权重，除了战争一类的大事之外，一般不需要向直隶总督汇报，可以自己直接决断。顺天府尹为正三品，除了管理北京地方的司法、治安、民政、财政、官方祭祀和顺天乡试，还可以直接向皇帝奏事。也就是说，只有顺天府尹，是地地道道的北京城“现管”。

清初老北京前门外景观

但是，清代管理北京城的衙门不只有顺天府，还有步军统领衙门，负责北京城的防卫和警卫，负责人是“提督九门步军巡捕五营统领”，简称九门提督，位高权重，清后期为从一品，与各部尚书同级；此外，还有五城察院衙门（五处），负责稽查北京城的治安、整顿地方风俗，厘剔官场奸弊，负责人是都察院派到北京东西南北中五城的“巡视五城御史”；五城兵马司（五处），负责地方治安、捕盗、巡夜、消防、疏通沟渠等事务，负责人是正副指挥。

说得通俗一些，五城兵马司，就是负责京城巡捕盗贼、维护街道沟渠，管理囚犯及防火事宜的衙门，它们实际是中、东、西、南、北五城兵马司衙门的合称。

在老百姓看来，兵马司是官府管理京城的强力衙门，它们是与百姓距离最近、日常感知最多的“官面”。因此，在稗官野史里，兵马司衙门在京城中品级不算高，存在感却很强。

据《谏书稀庵笔记》记载，兵马司指挥巡城，分为五城，就是中、东、南、西、北城。它们管辖的范围，自紫禁城之外，划界一直到宛平、大兴两县外郊，专管缉捕盗贼、户婚、田产、钱债等案。这五城地面不同，居住百姓商户不同，所以各有地方特色。那么，五城的特色分别是什么呢？百姓有句谚语称：“中城子女玉帛，东城布麻丝粟，南城商贾行旅，西城衣冠文物，北城奸盗邪淫。”

而王致和被带去审讯的，正是“商贾行旅”盛行的南城兵马司。据《京师胡同街巷考》一书记载，南兵马司在今天的宣武门外菜市口一带，如今还保留着“南兵马司胡同”，附近有很多的名人故居和会馆，如湘阴会馆、浙江会馆、河北会馆、慈溪会馆等。

那么，王致和被带到南兵马司，他接下来的命运如何？能不能化险为夷？南酱园还能不能在京城继续经营下去？我们暂且放在一边，先说一点题外话，刚才笔者说到，顺天府尹是正三品，按照大清朝的制度，官员等级分“九品十八级”，每等有正从之别，不在十八级以内的叫做未入流，在级别上附于从九品。

由于篇幅有限，笔者在这里不一一列举，但要告诉大家，赵胜启的礼部郎中在清朝是正五品，虽然不是什么大官，但他暗中买通南兵马司司官，诬陷或治罪于王致和，这是完全有可能的。但是，赵胜启这一次却打错了如意算盘，康熙帝亲政后朗朗乾坤的社会环境与清廉公正的官风，没有给他以可乘之机。

说到康熙年间的吏治，大致可以分为四个阶段：擒获鳌拜后亲政时期、平定三藩时期、整顿时期和康熙帝晚年时期。

在康熙帝亲政初期，官场上的腐败现象还是比较突出的。首先表现在各级地方官员滥征、贪污成风。当时，“在京诸臣”的不正之风也较为突出，“违法遣人往各省官员处，借名问候，多索财物”“干预地方事，挟持请托，颠倒是非”，说的就是像赵胜启一干人的所作所为。

平定三藩后，康熙帝为了巩固清王朝的统治，采取了很多整顿吏治的措施，严格要求中央各部院官员依法办事，对办事不利或政绩不好的官员提出严重警告。当时，大清朝廷涌现出许多像“天下第一廉吏”于成龙、白衣进士孙岳颁、康熙帝老师陈廷敬这样的清官，留下了许多广为百姓传颂的清廉佳话。

康熙帝曾说：“清官不累民，……朕不为保全，则读书数十年何益，而凡为清官者，亦何所恃以自安乎？”康熙帝深知清官刚正不阿，易为奸佞残害，因而常加以保护，甚至加以特殊眷顾。

康熙还特意大张旗鼓地宣传清官的事迹，意在让天下官员仿效。如于成龙病逝时，康熙因他“清操始终一辙，非寻常廉吏可比，破格优恤，以为廉吏劝”，加赐太子太保，谥清端，降旨地方修建祠堂，并御书“高行清粹”四字和楹联赐其后人。当时有官员上奏禁止百姓为清官树立德政碑，康熙不以为然，他说：

> 凡地方大小官吏，若居官果优，纵欲禁止百姓立碑亦不能止，如劣迹昭著，虽强令立碑，后必毁坏。

他认为百姓的感恩戴德是对清官的鼓舞和回报：“尔等做官以清廉为第一。做清官甚乐，不但一时百姓感仰，即离任之后，百姓追思建祠尸祝，岂非盛事？”

笔者不惜笔墨赘述这些，是为了说明，王致和创立南酱园的康熙初年，虽然也有个别官吏蝇营狗苟、贪赃受贿、勒索民膏民脂，但总的来说，政治、经济处于蒸蒸日上的时期，官场内清正之风日渐盛行，这对王致和一介落第举子弃文从商奠定臭豆腐基业，无疑具有极其重要的“天时”作用！

第三节

乐显扬夜探兵马司
孙岳颁平反持公道

话说，礼部郎中赵胜启暗中勾结延寿寺街一带的南城"地头蛇"，以不法经商、目无法纪为名目，把王致和押解到了南城兵马司，南酱园也被祸害得一片狼藉，无法继续经营下去。曹春雨万般无奈之下，只好到歙县会馆向韩冬雪父女求助。韩冬雪一面安慰曹春雨，一面说道：

弟妹，你别怕，我决不会让赵胜启的如意算盘得逞！这些年，他克扣举子们官俸的证据，姑奶奶一笔笔都记着呢。大不了，我到南兵马司衙门走一趟，先告他个幕后主使、敲诈勒索的罪名！

韩崇礼连忙拦下韩冬雪的话：

"冬雪啊，你可别犯糊涂，那赵胜启官居五品郎中，这些年滥征贪污，仗势欺人，没人能把他怎么样，这次暗中作祟陷害王解元，恐怕早把兵马司的司官买通了，你这一去，不但救不了王解元，自己还要挨板子——"

"爹，难道我们就看着致和兄弟平白无故被冤枉，看着刚刚创建的南酱园被糟蹋，任由赵胜启这样仗势欺人吗？"

曹春雨听到这里，想到王致和被囚于南兵马司，恐怕要被问训受刑，不免簌簌地掉下泪来。

致和十年苦读，两次科考不中，这一生受尽了劳役之苦，本以为弃学从商，苦尽甘来。谁承想，又要到衙门受刑讯——他要是有个三长两短，我们母子三人可怎么活啊——

韩冬雪毕竟年长几岁，经风历雨性情泼辣，见曹春雨哭得泪水涟涟，忙说道：

我说弟妹，我才说你是个有见识、有主见的女子，这会儿怎么成了哭哭啼啼的小媳妇了，这就叫经风历雨炼风骨。依我看，致和兄弟吉人自有天相，这一关啊，他一定能闯过去！

……

咱们再说王致和，一连十几天，被关在南兵马司一间昏暗的签押房里，等着司官开堂审讯。想到自己这些年在北京城跌宕起伏的命运遭遇，王致和不禁心灰意冷，暗自苦笑道：

想我王致和，十载寒窗，苦读圣贤，本想科考进仕，凭一己才学报效朝廷，谁知一场黄粱梦，险些丧了身家性命。幸遇京城贵人相助，妙手偶得臭豆腐，本以为从此柳暗花明，谁知，跳出了科考的囚笼，又进了衙门的牢笼……眼下真是叫天天不应，叫地地不灵——苍天啊，你可知道我王致和心里的万般苦楚呀！唉，唉，唉……

王致和想到悲情处，禁不住仰天长叹三声，真个是愁肠百转，万念俱灰。

致和贤弟——

王致和正暗自惆怅，只听一声轻呼，签押房的门吱呀一声打开，一个熟悉的身影缓步走了进来。王致和在昏暗的灯光下仔细一瞧，来者不是别人，正是乐显扬。

乐大哥，这深更半夜的，您怎么来了——

只见乐显扬提着一壶用黄绸布包裹得严严实实的老酒，拎着一个大食盒，里面装着几样小菜，不疾不徐地走到王致和近前。

贤弟，你瞧瞧，我特意带来一壶陈年的老酒，又带了几样咱们北京城有名的酱菜。今儿晚上，咱们兄弟俩就着小菜，畅饮几杯，给贤弟你压压惊！

说着，乐显扬小心翼翼地掀开黄绸布，打开酒壶，斟满了两杯水酒。王致和见乐显扬一副浅斟慢酌的模样，不禁苦笑道：

乐大哥，眼下这光景，哪有心思喝酒啊。我与您萍水相逢，蒙乐大哥不弃，以兄弟相称，您又救了致和一命，本想像您一样，做个为老百姓做实事的人。没想到，前脚出了科考场，后脚进了监牢房，致和的命怎么如此不济！

乐显扬见王致和垂头丧气，不禁释然一笑，拍着他的肩膀说：

贤弟啊，天无绝人之路，咱们兄弟心意相通，志趣相投，只要人心坦荡，就不怕那些蝇营狗苟，邪道猖狂！今天我特意来看你，就是要与你酒逢知己饮，喝个痛快，聊个敞快！

王致和依然心绪低落，蔫头耷脑地端起酒杯。

乐大哥，没想到啊，咱们兄弟竟在这地方喝起酒来，您不会——

是来给致和送行的吧？

乐显扬听王致和这样一说，不禁扑哧一笑。

贤弟啊，你未免也太悲观了，这可不像我乐显扬的兄弟，你王致和平日的书生意气到哪儿去了。来，闲话少叙，为兄先敬你第一杯，这第一杯酒叫——洗尽前尘！

说着，乐显扬举杯而饮，王致和见状，也只好恭恭敬敬地饮下。乐显扬接着说道：

贤弟，你可知这壶老酒，还是当年我在太医院为官时，先皇顺治帝御赐的呢！

王致和闻言，不禁吃了一惊，转而含悲带笑地说道：

乐大哥，想不到我王致和此生还有这个福分，临死前，还能喝上先皇御赐的美酒！

乐显扬提起往事，颇有些动容，一本正经地说道：

想当年，我的祖上在浙江宁波一带行医，手持摇铃，走东家进西家，治病救人，谈天说地，搜集了许多民间验方，后来我被举荐到太医院为官，又从宫廷典籍中兼容并收，积累了不少秘方，这才自成一家，为多少位皇亲国戚诊病，先皇念我治病有功，才赐了这壶御酒。当今皇上还赐了“同仁堂”预领官银，独办官药的特权……

说到当今皇帝康熙，乐显扬颇有些激动，恭恭敬敬地说。

清朝有大帝，八岁乃成皇。八年擒鳌拜，亲政当自强。咱们当今的圣上，可真是一位年少有为的圣主！

乐显扬说得眉飞色舞，王致和不觉听得入了神，精神比之前振奋了许多。乐显扬趁热打铁说道：

贤弟，这第一杯酒叫——洗尽前尘，人生多风雨，谁这辈子又能一帆风顺，纵使有庸庸碌碌的贪官当道，纵使此生经风历雨，受尽甘苦，你都得把它抛在脑后。当今圣主英明，重用贤臣，礼部侍郎孙岳颁大人，更是一位心系苍生的清官，总会还咱们老百姓一片朗朗乾坤！来，咱们再满饮一杯！

王致和听乐显扬说得句句在理，所幸也敞开心怀喝了起来。乐显扬见王致和心气稍稍振奋，便从食盒里夹起一口甜酱甘露，放在口中细细品咂，意味深长地说道：

贤弟，这第二杯酒叫——苦尽甘来。你尝尝咱们北京城这有名的“甜酱甘露”，那可是多少种香味混在一起调配出来的，嚼在嘴里，别有一番乾坤！……不管做什么生意，咱们都得精研细磨，就拿你做臭豆腐来说，要想闻着臭，吃着香，就得兼收并蓄，才能做出老百姓喜欢的味道。

王致和听乐显扬提到“臭豆腐”，又想到乐显扬多方搜集宫廷秘方、民间验方的从医之路，不禁心智开启，瞬时把身陷监牢的苦闷抛在了脑后。

乐大哥，致和有幸结识您这样胸怀磊落的仁义兄长，这一生纵然历尽坎坷，也值了！眼下这一劫，倘若能逢凶化吉，回去后一定潜心研磨臭豆腐的配方，提香增味，让老百姓们吃得舒坦！

乐显扬索性斟满了酒杯，继续鼓励王致和道：

贤弟，我等的就是你这句话，以后的路还长着呢，你经商，我从医，尽管干的不是同一行，但我们走的是一条路，那就是为普天下的老百姓除疾苦，酿口福，这第三杯酒就叫——同修仁德。我乐家药铺的堂名叫“同仁堂”，我乐显扬这一生就信“同仁”两个字，不管是当官的，经商的，还是行医的，都得把老百姓的衣食冷暖当作天大的事，心往一处想，情往一处系，只要同修仁德，就没有过不去的难关！

乐显扬的一番话，听得王致和热血沸腾，三杯酒下肚，两人都有些飘飘欲仙，借着微醺的酒意。两人撩袍挽袖，低吟浅唱，和着节拍吟诵起了“同仁堂”的堂名。

可以养生、可以济世者，惟医药为最。“同仁”二字可以命堂名，吾喜其公而雅，需志之。

签押房外，一轮满月高悬，透过斑驳的窗棂，洒落一地银辉。王致和与乐显扬完全沉醉在书生意气中，浑然忘却今夕何夕。起身告辞前，乐显扬解下一枚随身佩戴的如意玉佩，递到王致和手中，颇有深意地说：

贤弟，这是我心爱之物，赠与贤弟，定能逢凶化吉，遇难成祥！他日，你我再煮酒共叙，后会有期……

这一夜，王致和反复思量着乐显扬的话，迷迷糊糊睡去了。第二天，南兵马司司官开堂传讯，几个禁卒推推搡搡地将王致和带出了签押室，进了衙门大堂。

喂——唔——

王致和抬头往上一看，“明镜高悬”四个大字赫然入目，南兵马司司官坐在正中间，后面站着一排戒备森严的禁卒，左侧还有两个头戴帽翎、身穿朝服、正襟危坐的官员，看样子不像寻常吏目。王致和隐隐觉得哪里不对劲，却又说不出来，再扭头往右侧一看，赵胜启正一脸得意地望着自己。一见这副情形，王致和不禁心凉了半截，他暗想，这分明是赵胜启设下的连环套，大堂上官官相护，自己一介小小的落第举人，无权无势，岂不是任由他们裁决！

王致和，你因何站而不跪——

见司官发问，王致和面不改色地答道：

回禀大人，按照大清律制，凡中秀才、举人的读书人，进公堂可以不跪，致和这样做，是不丢孔门圣人的尊严！

王致和话音未落，赵胜启便拍案而起，冲着堂下咆哮道：

“王致和，我已经上报礼部，革去了你的举人功名，你不过就是一个卖臭豆腐的，再说了，你一个读书人挑着担子卖豆腐，早就把孔夫子的颜面丢尽了，你还不快给我跪下——”

“赵大人，您请息怒——不要有损了礼部的威严——”

只听公堂一侧的一位官员徐徐缓缓，字字有力地说道。赵胜启似乎也畏之几分，顺势收敛了起来。司官继而向王致和问道：

“王致和，有人举报你在延寿街经营南酱园，目无法纪，奸诈经商，你可服罪吗？”

“大人，致和十年寒窗，虽不敢说饱读诗书，却也尽知先贤教化，五车书读的是道德文章，如今虽然弃文从商，但诚信二字断然不敢忘记，何谈欺诈？至于目无法纪，是他们仗势勒索，上门敲诈，还请大人明察——”

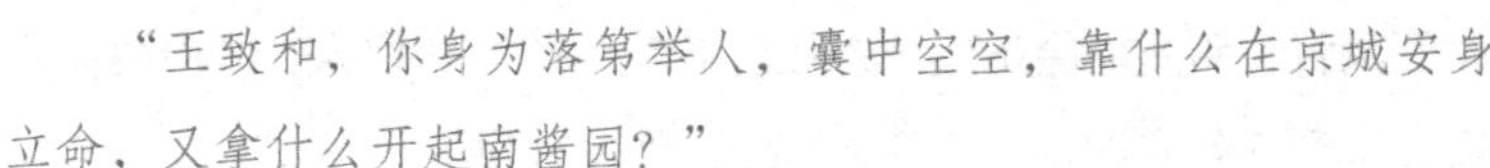

“王致和，你身为落第举人，囊中空空，靠什么在京城安身立命，又拿什么开起南酱园？”

“回禀大人，致和两试不中，走投无路，多亏了恩姐、义父相助，方才振作精神，靠两双手，一口石磨，从小学的磨豆腐手艺，才在京城开了这家南酱园——”

赵胜启听到这里，又按捺不住，站起来说道：

“王致和，你别在这儿替自己美言了，你和小寡妇韩冬雪在歙县会馆眉来眼去，私通了三年，这事儿你瞒得了别人，可瞒不了我。你用他们爷俩在会馆赚的钱，开了南酱园。这三年来，你欠会馆的灯钱、水钱、饭钱，我还没和你清算呢——依我看，这罪名上还得加上一项——暗中私通、挪用公费——”

“赵胜启，苍天在上，你——你可不要血口喷人——”

王致和气得怒发冲冠，在公堂上与赵启胜横眉冷对。赵胜启转过身，对兵马司司官说道：

司官大人，我看这案子不用审了，王致和私通小寡妇，挪用会馆钱财，奸诈经商，应该按律法惩处，以警视听——

赵胜启朝兵马司司官递了个眼色，司官看了看坐在旁边的两位官员，砰地拍了一下醒木。

“来人——把王致和拉下去，打入大牢——”

“且慢——”

只听坐在一侧的一位官员挥了挥衣袖，朝赵胜启说道：

赵大人，你问过了，本官还一句没有问——

说着，那人徐徐站起。赵胜启显然不敢得罪那人，闻声落座，那人走到王致和跟前，上下打量了一番，问道：

王致和，本官看你一身书卷气，言谈举止颇有些见识，弃文从商，在北京城卖臭豆腐，难道不觉得可惜吗？

王致和这才正眼打量了一番眼前这位官吏，只见此人天庭饱满，气宇轩昂，双目有神，一看便是胸有丘壑之人。

“大人，人生在世路有千条，纵然不能科举入仕，做一个为百姓谋福的好官，但凭自己的手艺，让老百姓吃上平民美味臭豆腐，早晚间青方（青腐乳）一块，红方（红腐乳）一尊，换得体健身泰，家和人兴，在致和看来，这就是人生之幸，比起那些蝇营狗苟的庸碌官员，我活得磊落坦荡，不枉此生！”

“说得好！王致和，本官问你，倘若龙门有路，你还愿再赴科考，求得簪缨富贵吗？”

“不！致和的梦早就醒了，当官不为民做主，不如我卖两块臭豆腐——”

“哈哈哈！说得好！王致和，有志气，不愧是胸有韬略的平民举子！今天，本官就为你做主，还你一个清白公道！来人，传韩冬雪上堂——”

只见此人正了正官服，阔步走上公堂，端然稳坐。南兵马司司官则战战兢兢地退居一侧。说话间，韩冬雪快步走了上来，将赵胜启多年来克扣举子官俸的证据一一呈上。

“赵大人，人证物证俱在，你还有何话讲？”

“孙大人，您这是什么意思？不是您要听审豆腐哥王致和案吗？怎么，怎么变成审我了——”

“赵大人，当今皇上亲政以来，整顿吏治，肃清污弊，你的所作所为，本官已经一忍再忍。可是你不知收敛，买通司官，恶意陷害，我大清朝廷天地昭彰，朗朗乾坤，决不允许你这等庸碌之辈残害百姓。来人，把赵胜启带下去，革去五品官职，待我上报礼部，听候朝廷发落——”

赵胜启眼看大势将去，不禁恼羞成怒地大喊道：

孙岳颁，你这是设计陷害我，我赵胜启中了你的计了——

王致和一听赵胜启喊“孙岳颁”三个字，不禁大吃一惊，原来，眼前这位官吏就是大清朝赫赫有名的平民进士、朝廷礼部侍郎孙岳颁。

“原来是为‘同仁堂’题过匾的孙大人，致和有眼不识泰山，失敬失敬——”

“怎么，豆腐哥，你听说过本官？”

“大人为官清正，京城百姓人尽皆知，您在‘同仁堂’匾上题写的笔墨，致和仰慕已久，每每观望，备生敬意。只可惜，致和没能像您一样，为平民举子争得荣光！”

“不，王致和，你的抉择更令人钦佩！青云有路，立业有途，平民举子中有你这样有气节、有风骨的仁人志士，也是百姓苍生的福泽！你要好好经营南酱园，让你的臭豆腐香飘百代，福泽万家，将来，定会有人为你名标清史，匾上题名！”

“多谢孙大人，致和定不负众望！”

就这样，王致和险闯南兵马司，巧遇贵人相助化险为夷，安然返回了南酱园。

原来，那日韩冬雪送曹春雨回南酱园后，仔细斟酌了一番，决定置于死地而后生，冒大不韪相助王致和脱险。韩冬雪毕竟是有些历练的女子，她先到乐家药铺找到乐显扬，一起商议如何为王致和平反。说来也巧，时任礼部侍郎孙岳颁曾为“同仁堂”题写过一块匾，与乐显扬有些交往，乐显扬便亲自拟好一封书信，将赵胜启几年来的所作所为及王致和科考落第后创立南酱园的经过一一细述，由韩冬雪带到礼部衙门呈禀。孙岳颁也是布衣出身，一见乐显扬的亲笔书信，对平民举子王致和的身世经历十分动容，而且他早就对赵胜启为官贪弊有所不满，于是便假借听审之名，邀了赵胜启与顺天府尹一起到南兵马司，再让韩冬雪伺机上堂作证，一举扳倒赵胜启。

王致和出了南兵马司衙门，与韩冬雪返回南酱园，曹春雨见丈夫安然回来，不禁喜极而泣。再看看南酱园里，牌匾毁了，酱缸砸了，麻袋里的大豆被抢劫一空，就连磨豆腐的石磨也被撬得粉碎，伙计们抱着残缺的木匾，一个个垂头丧气。王致和见状，安慰大家道：

“大伙儿，别灰心丧气，你们在危难之际留在南酱园，就是对我王致和最大的支持！你们知道，这次是谁救了我，是给‘同仁堂’题写匾的孙岳颁大人，大清朝有这样为民做主的清官，我南酱园何愁没有重振之日！”

“王掌柜说得对，留得青山在，不愁没柴烧！”

“可是，眼下咱们要钱没钱，要料没料，这生意怎么做下去——”

就在王致和与南酱园的伙计们一筹莫展之际，延寿寺街附近的老百姓们纷纷前来，有的拿着自家的黄豆，有的搬来了大缸，有的拿出了省吃俭用的银两和家当。

“王解元，我们吃惯了你的臭豆腐，几天没吃，这浑身上下都不舒坦，这就是咱们老百姓的本命食，一时一刻也离不开！”

“是啊，这北京城不能没有南酱园。没有钱，大家伙帮你凑；没有家伙，我们帮你置办；人手不够，我们就是你的伙计，只要能吃上闻着臭、吃着香的臭豆腐，再苦再累我们都愿意！”

……

王致和望着京城百姓们真诚的目光，感动得热泪盈眶。

第四节

同仁堂煮酒话家国
南酱园重整又开张

王致和回到南酱园后，在京城父老的帮衬下重整旗鼓，继续经营臭豆腐生意。他一直记得乐显扬在南兵马司探监那一日说的话，做生意要兼容并蓄，吸纳众长。王致和心里琢磨着，南酱园要发展壮大，只靠卖臭豆腐还不行，必须发展其他的品种，而且还要在提香、增味上下一番功夫，做出老百姓吃着喜欢、经久不衰的口味来。

这一天，王致和正俯身在大酱缸前，冥思苦想，反复琢磨改良臭豆腐的配方，忽然身后有人轻轻地拍了他一下。

致和贤弟，这般下功夫，人都要掉进酱缸里了！

王致和猛一回头，只见乐显扬一身儒生装扮，满面含笑地站在面前。

“乐大哥，不知贵驾到来，未曾远迎。小弟正和春雨商量着，登门拜谢您的搭救之恩呢！”

“贤弟不必多礼，这也是你福大命大，老天爷庇佑你，继续为咱们京城百姓酿人间口福啊！”

“乐大哥，听君一席话，胜读十年书！上次您在兵马司对我说的那番话，致和一直谨记在心，日思夜想，无时不在琢磨给臭豆腐提香的配方——”

说罢，王致和就像中了魔似的，又俯身到那口大酱缸边，一边闻，一边琢磨。乐显扬见他这副煞有其事的书生模样，笑着说：

贤弟，你可真是书生意气，性情之人，可爱至极！就凭你这股子钻研劲儿，必能把臭豆腐做出一番天地来……不过，今日你先把这腌豆腐的事放一放，和我到同仁堂药室走一趟，有人在那儿等着你呢——

王致和听得一脸茫然。不由分说，乐显扬便拉着他走出了南酱园，径直奔西打磨厂乐家药室而去。

来到乐家药室，乐显扬把王致和让到一间雅室。室内已然备好了酒水和各式京味小菜。乐显扬笑着说：

贤弟，这一次劫后重逢，愚兄特意备下水酒，我们兄弟再开怀畅饮一番！

王致和回道：

乐大哥，您方才说有人在药室等我，不知是何人啊？

王致和话音未落，只见一位器宇不凡，同样是一袭儒生装扮的中年男子徐徐走来：

尊育公，豆腐哥，在下来也——

王致和定睛一瞧，不禁吃了一惊，来者正是在南兵马司公堂上为自己平反的礼部侍郎孙岳颁，这可是自己的大恩人，万万也没想到能在此相遇，说明这位侍郎大人，与昔日太医院的吏目相交匪浅。于是，他赶忙撩衣襟、屈双膝，就要行跪拜大礼，口中又念道：

不知是孙大人驾到，有失远迎，还望大人恕罪，恕罪！

孙岳颁上前挽住王致和、乐显扬的手，笑着说道：

今日尊育公相邀，你我三人相聚“同仁堂”药室，不分官职高下，亦无贵贱尊卑，皆以兄弟相称。流觞曲水，畅叙抒怀，此乃人生之幸也！

王致和见此情形，十分感动，几乎泣下，又指了指自己衣衫上弥散的浓浓臭豆腐味，不好意思地说：

都怪乐大哥未曾言明，早知今日与孙大人相聚饮酒，致和也该换件衣衫才是呀！

乐显扬在一旁打趣说道：

孙大人有所不知，豆腐郎是刚刚被我从南酱园的大酱缸前拉来的——

孙岳颁故意凑近王致和跟前，边闻衣衫上的味道，边笑着说：

不妨，不妨，豆腐郎，越“臭”名越扬！这才是老百姓喜欢的人间至味！今日，你我三人坦诚相见，不拘俗礼，也让我好好地接一接地气！

谈笑间，孙岳颁、乐显扬、王致和三人盘膝而坐，一时间推杯换盏，划拳行令，尽显儒生本色，赤子心怀。谈及家乡祖籍，孙岳颁是江苏苏州人氏，乐显扬祖上是浙江宁波人，现在几代都落户北京，也算是京籍人氏了。王致和祖籍安徽仙源，三人或生于江南一带，或京音京韵，或乡音未改，或京音流畅。三人皆在中年，鬓色微霜，颇有些白驹过隙的人生慨叹，聊到忘情之处，三人不觉率性而为，一个击掌，一个合拍，一个浅唱低吟，即兴填词地唱起了南曲昆腔：

百花逢骤雨，万木怕深秋。
怒气推山岳，英雄贯斗牛。
俱都是：
书生意气，挥斥方遒，家国天下民心重，
怎敌那，桑麻之乐，春种秋收，
何须谈笑觅封侯。
……

席间，三人煮酒论英雄，阔谈古今沧桑，说不尽家国天下之事，当谈到康熙帝少年有为，擒获鳌拜，团结蒙汉之举时，三人皆心潮澎湃，颂扬之辞溢于言表。乐显扬言道：

想我乐某人，当年在太医院任九品吏目之职，当时鳌拜专权，久有谋反之心，朝野间贪官污吏横行，我看不惯官场黑暗，心生退意，辞官而去……所幸当今皇上年少有为，励精图治，智擒鳌拜，团结蒙汉，才有了时下的太平盛世，“同仁堂”才得以立足京城，风雨春秋。又幸得孙大人题写老匾，朝暮间悬于正堂，以警心志。致和贤弟弃考从商，志趣相投，才有了今日这段因缘际会！这就叫，英雄逢盛世，知音惜知音！

王致和闻言，不由得感慨地说道：

乐大哥所言极是！致和能有今日，几次劫后余生，多亏了两位兄长仗义相助，若没有与乐大哥在“同仁堂”的萍水相遇，肝胆照应，若没有孙大人公堂之上秉公执法，哪能有我王致和的今天！说不定，我早就像老王举人那样，疯疯傻傻，了却残生了！

王致和越说越激动，不由得言辞铿锵：

孙大人布衣进士，锦绣文章安天下，乐大哥辞官行医，悬壶济世同仁堂。致和与你们比起来，深感惭愧，想起当日执迷科考，一度沉沦，更觉羞愧难当。从今后，致和誓以二位兄长为榜样，守身立志，精研细磨，调味腌缸，要让这南酱园臭豆腐享誉万民，世代留香。

孙岳颁听乐显扬、王致和二人说得动情，不觉深为动容：

“二位贤弟，你们此言差矣，想我孙岳颁一介布衣进士，虽官居礼部侍郎，深得万岁隆恩，却实在看不惯官场的尔虞我诈，蝇营狗苟。是你们身上的书生意气，君子风骨，令我明心志，守初心。”

“想我三人，当日都是胸怀报国之志的儒生，历经风雨，有悲有喜，各有归途，为官者，行医者，经商者，皆怀一份赤子初心。无论何时，都应以百姓为衣食父母，方不负当今圣主励精图治之德，颐养万民之恩。”

“南酱园，同仁堂，仁心铸正道，民安国运昌，这才是我大清朝朗朗乾坤之下，家国天下的锦绣文章！”

孙岳颁、乐显扬、王致和三人执手相握，在各自认定的人生道路上笃定而行……孙岳颁一生为官清正，以其行书著称于世，被后世誉为康熙年间的“书法总教头”。康熙四十一年（1702年），康熙帝御题其堂曰“墨云堂”。而同仁堂由乐显扬之子乐凤鸣执掌后，名声大振，到了慈禧太后主政时期，同仁堂的地位又有提升，宫中所用药直接由同仁堂做好送达。同仁堂因向宫内进药有功，还曾获得慈禧太后的接见，可以说风光无限。孙岳颁与乐显扬的小兄弟王致和，悉心经营着南酱园，像三人当日煮酒话家国时立下的誓言那样，书写着家国天下的锦绣文章。

这正是：

乐显扬悬壶美名扬，孙岳颁题匾“同仁堂”。
王致和戏说传佳话，“臭豆腐”蕴藏大文章。
……

康熙十七年（1678年），重整一新的南酱园再度开张，延寿寺街人山人海，臭豆腐“香”飘十里，只要往街口一走，就能闻见那股奇特而诱人的“臭”味。街坊邻里们一个个喜笑颜开，举着窝头，馒头，贴饼子，再抹上细腻华糯，臭中含香的豆腐块，吃得别提多带劲儿。有的干脆把臭豆腐拌在面里，一个个狼吞虎咽，欲罢不能。就连逛琉璃厂、厂甸庙会的人都会慕名而来，亲口尝一尝这“闻着臭，吃着香”的美食奇迹！

曲剧《王致和》剧照——《众人齐赞韩冬

几年间，在王致和与曹春雨、韩冬雪的共同努力下，南酱园不仅创制出名扬京城的臭豆腐，还研制出了味道浓郁、咸香可口的酱豆腐，兼营各种南方口味的小酱菜。此时的王致和，由落第举人华丽转身为南酱园的大掌柜，真正成为了“名登金榜”的“东方奶酪”创始人。

南酱园门前，王致和回味着这些年的起起伏伏，人生跌宕，不禁感慨万千，他对前来祝贺的京城百姓们深深地施上一礼，说道：

京城的父老乡亲们，我王致和承蒙大家伙儿厚爱，在这南酱园经营臭豆腐生意，你们就是我的衣食父母。人这一辈子啊，总离不开风霜雪雨，这小小豆腐块，就是我的根，我的魂，我与恩姐韩冬雪，发妻曹春雨三人向大家盟誓，我们这臭豆腐，是用情腌，用义浸，用一辈子清清白白、诚信立身的操守发酵出来的。我要保住这臭豆腐“闻着臭，吃着香”的特点，让它一百年，二百年地传下去。因为老百姓爱它，它是老百姓的命根子！

南酱园门前，掌声如雷，乐显扬、孙岳颁，还有众多京城父老们不停地为王致和击节称赞。韩冬雪、曹春雨紧握着彼此的手，相视而笑……

王致和创制臭豆腐的故事就这样落幕了，这其间书文戏理，难免有些戏说的笔墨，但不管怎样，这故事中的小小臭豆腐，还真的像王致和说的那样，二百年、三百年地传承了下来，随多少个像曹春雨、韩冬雪一样重情重义的尘世儿女，一辈一辈地讲述着天地间至真至善的故事……

第四章

Chapter 4

臭豆腐载誉京师

风靡舌尖上的『大清朝』

第一节

百年老店传佳话 南酱园来了位“徽班名伶”

康熙十七年（1678 年），距王致和考中举人已经整整过去了十个春秋，这位名扬京师的“王致和南酱园”大掌柜，早把科考入仕抛在了脑后，全身心地投入到生意经营中。得益于多年来饱读诗书，善于思考，又继承了徽商坚韧敏锐的经商理念，王致和逐渐意识到，仅凭单一的品种不足以使酱园的生意获得长久发展，必须创制出各种物美价廉的优质产品，才能吸引顾客，紧紧抓住京城父老百姓的心。几年来，经过不懈地钻研研制，反复配方，王致和在原有基础上推出了“升级版”的臭豆腐：每块形状规整，表面呈青灰色，方方正正，看上去小巧可人，口味上也更加软糯、鲜香，除了独具一格的臭豆腐，他还研制出各种口味的酱豆腐，色泽红润，口感细腻、松软，广受京城百姓欢迎。王致和南酱园前店后厂，前面销售，后面制作，一时间成为了京城饮食行业界的翘楚。

王致和臭豆腐能够受到京城百姓的青睐，成为与生活在这片土地上的人民相依相伴的佐餐美食，得益于清朝初年老北京文化的兼容并蓄、海纳百川。明清时期，北京城相继出现了一些以风味取胜的餐饮老字号，这些老字号荟萃百家，兼收并蓄，形成了老北京自成一体、极富特色的饮食文化。作为中国历史上最后一个封建王朝，大清王朝将封建社会的饮食文化推向了巅峰，一方面，宫廷饮食登峰造极，达到令人叹为观止的地步；另一方面，民间市井饮食也花样频出，官宦富豪们穷奢极欲地享用着食不厌精的珍馐美味，市井百姓们也就地取材，尝试着各种脍不厌细的烹饪做法。而王致和臭豆腐的出现，恰恰满足了上至富豪官绅，下至布衣百姓甚至文人墨客的所有饮食口味，成为市井豪门雅俗共赏的美食传奇。

清朝时北京贫富差距悬殊，寻常百姓人家只有过年才能吃上一顿大鱼大肉。于是，劳动人民充分发挥聪明才智，把粗茶淡饭吃出别样的风味。当时民间流传着一种叫“穷人乐”的吃法：指的是用芝麻酱、韭菜花、辣椒糊三种食材浇在面上，又叫“穷三样”。老北京人喜吃面条，除了“穷三样”，老百姓还独创了“十八样浇头”，把各种蔬菜切成细丝摆成“面码儿”，浇在面上，别有一番风味。自从王致和臭豆腐名扬京城后，京城百姓的“十八样浇头”就又多了一种：用臭豆腐加汤拌锅挑儿，再就着青豆嘴儿、白菜丝儿、菠菜段儿一起浇在面上，臭豆腐的滑糯混合着各种菜蔬的清香，就着一大碗刚出锅的面条，吃起来美味异常。这就是来自于民间的大智慧，也是王致和臭豆腐能够在京城这片皇天厚土茁壮成长的根源所在。

随着南酱园臭豆腐的声名远播，不仅京城市井百姓对它青睐有加，它的消费群体也慢慢扩展到各行各业，达官贵胄、文人雅士乃至梨园弟子纷至沓来，一时间门庭若市，留下了许多耐人寻味的传奇佳话。下面笔者要讲的这个故事，就和名噪一时的“徽班名伶”高朗亭有关。

乾隆五十五年（1790 年），为了给乾隆皇帝庆祝八十大寿，浙江盐务大臣约集了久负盛名的安徽安庆“三庆徽班”，在著名旦角演员高朗亭的率领下，集体进京献艺。后来，徽班艺人们广泛吸纳新声，在与汉调等地方曲艺合作演出中，兼容并蓄，孕育形成了后来的京剧。高朗亭也因此成为清代京剧艺术的奠基人。殊不知，这位深得圣意的徽班名伶，还与王致和臭豆腐结下了一段不解之缘。

夜色阑珊的北京城，人们听罢了京腔，过足了戏瘾，总能看见这样一幕活色生香的画面：

高老板，您这三更半夜，慌里慌张地，往哪儿去啊？

只听高朗亭清了清嗓子，兰花指微微一翘，亮出了撩人心魄的水音儿：

急忙忙，延寿街上走一趟，
去寻那王掌柜叙一叙衷肠。
我与他山长水阔乡情难忘，
来一块臭豆腐，
明日里粉墨登场再开腔。

话说，高朗亭自从进京献艺后，乾隆皇帝不但对其大加封赏，还赐予他“京都头把”的美誉。此后，高朗亭便成了京城红极一时的“名角”，经常出入皇宫内苑，为王宫贵胄们唱戏。

这一天傍晚，高朗亭刚刚卸了戏妆，抬脚出了广德楼戏园，忽然感到腹中一阵饥饿（唱戏的人讲究“饱吹饿唱”），便问身边的“跟包儿”，这前门附近有什么特色美食。当时天色已晚，多数商铺都已经“落板儿”打烊。“跟包儿”的想了片刻，便在高朗亭耳边小声嘀咕了几句，高朗亭听罢，脸上露出一副惊讶而好奇的神情，于是让“跟包的”带路，一溜小跑地来到了延寿寺街南酱园。

原来，这些在“角儿”身边“跟包儿”的人，每天起早拉晚，饮食很不规律，晚上把“角儿”送回家，总要到附近去找点夜宵吃。一般都是自己带块干馒头，再来碗面条汤，不求美味可口，只求别饿着肚子。时间一长，他们都喜欢来两块南酱园的臭豆腐，夹在馒头里，或者拌着面吃，臭豆腐嚼在嘴里，那叫一个带劲儿，一天的劳累都忘了，浑身上下又充满了力气。因为他们是南酱园

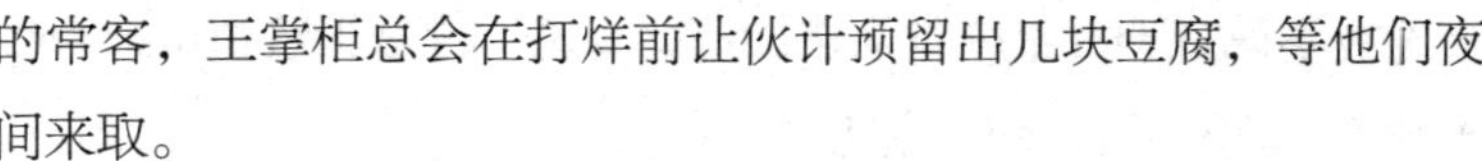

的常客，王掌柜总会在打烊前让伙计预留出几块豆腐，等他们夜间来取。

高朗亭一看“跟包儿”的手里拿着的这个东西：方方正正，又灰又臭，不禁被这股扑面而来的臭气熏得掩鼻躲闪，心想，吃了这个东西，明天还怎么开嗓唱戏呀！看着“跟包儿”把臭豆腐抹在馒头上，大口大口地嚼着，脸上一副美得赛神仙的表情，高朗亭万分不解，禁不住内心的好奇，也拿过夹着臭豆腐的馒头，闭着眼睛咬了一口。这一下不要紧，高朗亭顿时被这神奇的味道迷住了，一时胃口大开，狼吞虎咽地把“跟包儿”的夜宵吃了个精光。从此之后，高朗亭就成了南酱园的常客，每天都要让“跟包儿”的早早预定下店里的臭豆腐，每晚下了戏便来大饱口福。

当时，南酱园的王掌柜已经是王致和的第五代传人，由于秉承家风祖训，南酱园一直坚持诚信经营、童叟无欺的原则，再加上后人头脑灵活，不断在产品种类开发和宣传上下功夫，经过几代人的苦心经营，不但店面比之前扩大，经营范围也不断扩充，偌大的厅堂宽敞气派，顾客络绎不绝。第五代王老板本就是个超级戏迷，久闻高朗亭大名，加之都是徽州大同乡，一见如故，甚是亲切。听说高朗亭爱吃臭豆腐，王老板当即拍板，只要高老板来店里，南酱园通宵营业不落板儿！

就这样，高朗亭与王致和的传人、南酱园老板成了莫逆之交，臭豆腐也成了高朗亭每天饭桌上的佐餐美味，他还把这人间美味推荐给戏班的其他人，到南酱园慕名来买臭豆腐的梨园行人日益增多，为了照顾他们作息不规律的特点，王老板索性在店门口点上红灯笼，通宵不打烊，不但方便了梨园弟子，而且又可以做晚间生意赚钱，赢得了“百年老店不落板儿”的佳话。

在南酱园前辈王致和的一手经营下，徽州臭豆腐进了北京城，成了四九城百姓日思夜想的舌尖美食；在高朗亭的带领下，徽班进了北京，成就了几百年余音绕梁的梨园佳话。当一种味道成为你唇齿间的依恋，随之而来的，便是根植于这片土地上的文化，这不能不说是千百年中华文化缔造的奇迹，也是王致和留给后代子孙的一笔不可估量的财富！

正是：

磨尽铁砚写匠心，
弃文从商系苍民。
百年梨园传佳话，
宫商一曲自在吟。

第二节

状元妙题藏头诗 光耀门楣誉美名

清朝中后期，在四五代王家后人的悉心经营下，王致和南酱园达到了鼎盛，不仅吸引了市井百姓、梨园中人，就连达官贵人、文人墨客也纷至沓来，并用他们笔下的翰墨文字记录下这美誉世间的奇绝之味。

咸丰九年（1859 年），王致和南酱园迎来了一位贵客——状元孙家鼐。说起这位新科状元，颇有些来历。他曾担任过光绪皇帝的老师，并多次出任顺天府会试的主考官，位极人臣。清光绪三十四年（1898 年），孙家鼐曾以吏部尚书的身份主持“京师大学堂”（北京大学前身）筹建事务，并亲笔题写了“大学堂”匾额。那么，这位名声显赫的京师大人物又与南酱园有何渊源呢？

咸丰九年（1859 年），祖籍安徽寿县的孙家鼐不负十年寒窗，经过顺天府会试、殿试，一跃成为天子的门生——咸丰帝御笔钦点的新科状元。这一天，他到位于羊肉胡同的安徽会馆拜访同乡，正好走到延寿寺街前，远远地就闻见一股扑鼻而来的臭味。孙家鼐见街上的行人对此臭味习以为常，丝毫没有掩鼻遮袖之状，心中不禁疑惑，于是便循着臭味一路来到了南酱园门前。孙家鼐抬头一看，“王致和南酱园”的匾额高挂在店门口，店里人流如织，生意十分兴隆。孙家鼐祖籍安徽，在家乡时品尝过各种口味的酱菜和腐乳，他心想，不过是一个酱菜园，为何生意这般红火？这其中必有缘故。走到柜台前仔细观瞧，只见一个伙计拿着一根细长的木筷子，从坛子里娴熟地夹出一块块青灰色的豆腐乳，放在小竹篓里，再从坛子里舀一勺汤汁浇在上面，递到顾客们手中。客人们捧着小竹篓，一个个喜笑颜开，如获至宝。孙家鼐拦住一个刚刚从柜上买完臭豆腐的客人，询问这是何物，“王致和南酱园”有何来历。客人便一五一十地把王致和创制臭豆腐的故事讲给他听，孙家鼐听着，不觉动了心，听到王致和也是饱读诗书的徽州举子，也曾和自己一样历经炼狱般的科考之苦，后来又自强不息地创立了南酱园，潜心为京城父老研制这“闻着臭，吃着香”的佐餐美味，不禁暗自钦佩这位富有传奇色彩的同乡先人：

想不到，王致和老先生竟是这样一位胸装日月、袖藏乾坤的儒者，这小小臭豆腐里，原来还有这样一段锦绣文章！

听到孙家鼐这番言辞，南酱园的王老板赶忙从柜上迎了出来，一见孙家鼐衣着考究，举止高雅，便知这位客人来历不凡。这王老板虽然是生意人，却一直不忘先祖王致和留下的熟读圣贤、不废诵读的家风，举止言谈中，彬彬有礼，儒生气十足。攀谈间，孙家鼐与王老板一见如故，乡音乡情，相谈甚欢，王老板亲自到柜台前盛了几块臭豆腐送到孙家鼐面前，又让伙计取来两个热气腾腾的大馒头，将臭豆腐夹于其间，请他品尝。孙家鼐细细品味，顿觉满口生香，一缕浓浓的乡情涌上心头，竟也顾不得平日里状元公的斯文相，风卷残云地把馒头吃了个精光。吃完后，抹抹嘴上的汤汁，连声说道：

妙哉！妙哉！

听王老板细细讲述南酱园从创立之初到发展至今的种种经历，几代人秉承家训，诚信立身的儒家风范，孙家鼐不禁百感交集，一时间诗兴大发，令伙计取来笔墨纸砚，挥笔为王致和南酱园题

《孙家鼐状元题诗》 杨信 绘

写了四句蕴含深意的诗句：

致君美味传千里，
和我天机养存心。
酱配龙蟠调芍药，
园开鸡跖钟芙蓉。

王老板熟读诗书，一看便知这是一首藏头诗，于是把四句诗每句开头一字连起来，脱口而出道：

致——和——酱——园。

再看落笔题款处，洋洋洒洒的“孙家鼐”三字，这才知道眼前这位大同乡竟然是当今的新科状元。捧着状元公的墨宝，王老板忍不住清泪纵横。

“想先祖王致和历尽十年艰辛，却无缘功名仕途……没想到，今日却得到荣登殿试榜首的状元公亲笔题字，这真是祖上的荫德，先人在天有灵，也可欣慰于泉下了！”

“不，王老板，您的先祖虽未登龙虎榜，却是天地间堂堂正正的真君子，他创制的这小小臭豆腐，胜过锦袍玉带，早已名标天下，享誉万民了……”

王老板听罢不胜感激，对孙家鼐千恩万谢，立即命人将题诗制成对联匾额，悬挂于店门两侧，让来来往往的顾客都能亲眼目睹状元亲笔所书的这份家门荣耀！

有了状元公的亲笔题词，王致和南酱园陡然间身价倍增，从市井百姓家的寻常吃食，到王侯公卿的宴上珍馐，南酱园臭豆腐“臭”名远播，实现了消费群体从普通百姓走向官僚贵族阶层的飞跃。后来，王家后人广结文人雅士，又请清末著名书法家、进士鲁琪光题写了“王致和南酱园”的金字招牌，王家几代人辛苦经营，终于得到了公卿王侯的认可，实现了当年王致和立下的光耀门楣的梦想。

正是：

当年杏榜未登临，
而今公卿笔墨勤。
人生定数难预料，
后辈堪慰先人心。

第三节

老佛爷御赐“青方”南酱园身价倍增

清朝初年，北京地区制作腐乳的技术并不发达，在王致和南酱园创立之前，北京城市场所需的腐乳都是从江浙地区输入的。此后不久，腐乳制作技术才经通州大运河传入北京。由于“王致和”臭豆腐制作工艺精湛，口味浓郁，产品品质不但优于本地，而且还远超江南四大产区，大有垄断京城豆腐市场半壁江山之势。康熙年间名满京师的大诗人王士祯在其咏腐乳一诗中这样写道：

才喜红莲香稻熟，黎祁又著淡胭脂。

……

清道光二十五年（1845 年），名士杨静亭在其编写的中国第一部旅行指南《都门纪略》一书中，把“王致和”及其腐乳产品作为北京名优特产进行介绍。乾隆时期，民间更是流传着“宋公腐乳名空好”的说法，对口感和品质都更胜一筹的北京“王致和”腐乳给予了极高的盛赞。

清末，随着官绅政客们对臭豆腐的青睐，王致和南酱园身价倍增，盛誉之下，一个偶然的机缘巧合，臭豆腐插上了“旧时王谢堂前燕”的翅膀，飞进了紫禁城，并成为慈禧老佛爷指定的御用佳品，获得了至高无上的“上用”招牌。故事还要从北京城闻名中外的那条琉璃厂文化街讲起。

琉璃厂文化街是清末一条著名的商业街，清初顺治年间，京城实行“满汉分城居住”政策，汉族只能居住在外城，琉璃厂位于外城以西的位置，附近居住着很多汉族官员，全国各地的会馆也多建于此，因而形成了浓厚的文化氛围。各地的书商纷纷在街上设置摊位，官员和赶考的举子们也经常聚集于此，购买笔墨纸砚。古玩书画，渐渐形成了一处人文荟萃的京都雅游之所。

一日，内务府大太监从宫中带出一幅主子赏赐的字画，准备拿到琉璃厂请古玩店老板品鉴，卖个大价钱。时值晌午时分，古玩店老板邀请大太监到附近的正阳楼吃涮肉。觥筹交错间，老板从袖间取出一个小纸包，告诉大太监，这里面装着一样宫里人从来未曾尝过的世间美味。大太监哈哈大笑道：

杂家掌官内务府上上下下大小事宜，整天出入紫禁城，什么珍馐美味没有见过——

老板也不多解释，取出两块臭豆腐请大太监品尝，谁知这臭中含香、细腻爽口的滋味一下子博得了大太监的欢心，忙问老板这是什么人间美味，自己要带点儿回去给宫中的人品尝。于是，老板带着大太监穿过东琉璃厂，径直往北奔“王致和南酱园”而来，此时的南酱园店面已比之前扩充了两倍，金字招牌高挂门楣，气派非凡。大太监跟随人流排了好半天队才买到一罐臭豆腐，捧在手中，喜不自禁，准备带回宫里与太监、宫女们一起分享。

谁知，刚回到宫里，大总管李莲英就劈头盖脸地数落了他一顿。原来，慈禧老佛爷这几天胃口不好，茶饭不思，动不动就发脾气训斥人，太监们一个个提心吊胆，如履薄冰，生怕哪句话惹怒了老佛爷，自己的脑袋就要搬家。

你们这帮人，成天介出宫闲逛，赶紧给我想想法子，给老佛爷调换调换口味，做点儿什么可口的美食！

大太监一听这话，灵机一动，赶忙把刚刚从南酱园买回来的臭豆腐打开给李莲英看。李莲英一瞧，不禁皱着眉毛说道：

“这东西臭烘烘，灰溜溜的，哪能入得了老佛爷的眼！万一惹恼了她老人家，咱们的身家性命都保不住！”

“大总管，您别着急，别看这东西样子不起眼儿，那滋味可非同凡响！保管老佛爷吃了，胃口大开！”

李莲英一听这话，不觉也动了心，他们仔细一合计，想出了一个周全的法子。让御膳房按照慈禧原先的口味，用大兴庞各庄出产的新玉米面，除去粗糙的颗粒，掺上上好的黄豆面，再加上杭州出产的桂花和台湾地区进贡的绵白糖，再用新鲜的鸡蛋黄和玉泉山的泉水调和，制成拇指大小、外观小巧精致的窝头，再配上这味道奇绝的臭豆腐，另外加一道爽口的虾皮炒小白菜，一齐呈给慈禧老佛爷。

这里还要特别说明一下，慈禧这位号称“奢侈太后”的老佛爷，用餐排场之奢华令人叹为观止。据说，为她备膳的御膳房厨师总共有二百多人，仅传膳太监就要二十多人。每顿饭要安排一百多道菜，皆用金银玉器、翡翠玛瑙等名贵材质制成的碗盘一一呈上，就连使用的筷子都是象牙镶金的。为了讨慈禧太后的欢心，御膳房的御厨们每天挖空心思设计各种精美菜肴、点心，一顿饭少说也要花费二百两银子。

传膳——

随着李莲英的一声号令，太监、宫女们端着精美绝伦的玉瓷金碗，一道道呈给慈禧过目，面对铺天盖地的山珍海味，慈禧却丝毫提不起胃口，唯独盛着臭豆腐的盘子呈到眼前时，才微微抬

《慈禧为臭豆腐赐名“青方”》 杨信　绘

了抬眼，臭豆腐奇妙的味道，一下子拨动了老佛爷的心弦。原来，慈禧幼年时就爱喝老北京的豆汁儿，对豆腐的味道记忆犹新。看着盘中青灰色、方方正正的豆腐块，慈禧不禁舒展了眉头。李莲英见太后面有喜色，赶忙夹起一块拇指大的小窝头，再蘸上一抹豆腐块，满脸堆笑地送到老佛爷嘴边。慈禧放在嘴里品咂了两下，一下子被这咸香滑糯的滋味吸引住了，一连就着臭豆腐吃下了好几块小窝头，再配上清口的时令菜蔬，一时间胃口大开，甚是欢喜，于是传旨下去，对李莲英及内务府、御膳房上上下下人等大加封赏。当慈禧问及这盘中神奇的美味名为何物时，李莲英怕“臭豆腐”的名字不雅，便告诉慈禧，这是一道流传于民间的小菜，正等着太后赐名呢！慈禧又仔细地打量了一番盘中的臭豆腐，饶有兴致地说道：

这东西方方正正，灰中透青，味道如此鲜美，就叫它“青方”吧！

从此，王致和臭豆腐便有了御赐的雅名，御膳房每天都要从南酱园购进一批“青方”，以备老佛爷随时佐餐享用。小小的臭豆腐，插翅飞入了皇宫大内的紫禁城，坐拥状元题诗、进士题名，又得到太后老佛爷赐名，一跃成为皇家御用的珍品。

第四节

晚清“大阿哥”落魄街头 变身臭豆腐“代言人”

自从“王致和”臭豆腐被慈禧太后御赐为“青方”，受到慈禧与光绪皇帝的青睐后，王致和南酱园一时间名动京师，盛极一时，达到了前所未有的鼎盛时期。

现代画家盛锡珊先生在其绘制的《老北京市井风俗卷》中，专门为“王致和臭豆腐店”勾勒出浓墨重彩的一笔，逼真地再现了当时南酱园客似云来的盛景。知名戏曲理论家、历史学家齐如山先生在《北平三百六十行》一书中也曾提及，王致和臭豆腐不但享誉京师，还被外国人誉为“中国起司”“东方奶酪”而蜚声海外。

清光绪十二年（1886年），由官方主持编撰的《光绪顺天府志》中记载道：“今京师以延寿寺街王致和家（豆）腐干最著名。”小小“青方”，俨然已经成为大清王朝上至皇亲国戚，下至布衣贫民无人不知、无人不晓的舌尖美味。

清朝末年，政治腐败，统治者穷奢极欲，对内闭关自守，对外屈膝求降，丧权辱国，滚滚向前的历史车轮，终于推翻了三百年封建统治的大清王朝，而就在这个时候，王致和南酱园出现了一位历史上地位最高的“代言人”——爱新觉罗·溥儁。

爱新觉罗·溥儁是清代道光皇帝的玄孙，端郡王载漪的儿子，其母是慈禧太后的内侄女。戊戌变法后，慈禧太后因不满光绪皇帝维新变法的所作所为，为了保住自己的权力和地位，决定废除光绪帝，另立新皇，实际上是选择一个傀儡皇帝，将大权掌握在自己手中。此时，慈禧想到了溥儁。

光绪二十五年（1900 年）十二月二十四日，年仅 15 岁的溥儁被慈禧太后立为“大阿哥”，即同治皇帝的皇子。第二年，溥儁代行皇帝之事，改年号为“保庆”。就在溥儁刚刚登基后，让慈禧没想到的事情发生了，这位刚刚登基三天的“保庆皇帝”，遭到了群臣及各国驻华公使的强烈反对，迫于种种压力，慈禧迫不得已将其废除。后来，17 岁的溥儁因“其父获罪不宜做皇储”而受到牵连，后随父亲载漪被发配到新疆和内蒙古等地。

辛亥革命后，爱新觉罗·溥仪退位，溥儁以自己曾为晚清“大阿哥”当上了总统府参议，每月可以领到五百大洋的薪俸。溥儁生性放荡不羁，整日票戏、遛鸟、骑马，常到戏园子、酒楼厮混。在戏曲方面颇有天赋的溥儁，学起名伶谭鑫培的唱腔来惟妙惟肖。1921 年，溥儁被总统府革职。1924 年，溥仪在“北京政变”中被赶出紫禁城，同时清朝皇室的土地被收缴于民，溥儁陷入坐吃山空的境地，几近破产。

民国初年，溥儁丧失了一切经济来源，连吃饭都成了问题。万般无奈之下，他当起了沿街叫卖的商贩，售卖当时市面上最畅销的“王致和”臭豆腐，每天天不亮就到南酱园趸臭豆腐，然后挑着担子，从延寿寺街一路向北，过地安门、鼓楼，在胡同深处扯着嗓子叫卖。

臭豆腐，酱豆腐，酱黄瓜儿——

当时，有些以制售腐乳为生的商家为了求生存，纷纷效仿百年老店“王致和”的字号招牌，与之争夺市场。为了防止以假乱真，王致和南酱园打出了“真正老王致和”的招牌。曾有一首《竹枝词》这样写道：

“名店”本姓王，旁边还有政、芝、中。诸公拭目分明认，“真正老王”腐乳香。

诗中提到的“政、芝、中”就是以“王政和”“王芝和”“致中和”为字号与“王致和”挣抢市场的商家。

得益于溥儁天生一副登台唱戏的高音大嗓，每每挑着担子沿街叫卖，他都会用自己特有的方式为王致和老字号正名“代言”：

将身儿来至在大街口，
尊一声列位宾朋听从头……

这一声醇正的甩腔刚出口，胡同里的老百姓便闻声拥来，溥儁随即便一声吆喝：

前门外延寿寺街路西真正老王致和家的臭豆腐！

只做了三天皇帝的“大阿哥”溥儁落魄街头，靠贩卖臭豆腐为生，或多或少令人感到一丝悲凉，然而从另一个角度来看，沿街叫卖臭豆腐的生活，也给了这位没落皇族生命中最后的光亮与慰藉。

1942 年，溥儁积忧成疾，撒手人寰，终年 57 岁。那段拖着高腔为王致和臭豆腐“代言”的岁月，成了他生命中余音绕梁的绝响。

正是：

莫叹人生总沧桑，
荣辱沉浮一黄粱。
玉堂金马终粪土，
不及齿间腐乳香！

《晚清大阿哥挑担叫卖》 杨信 绘

【第二部分】

历尽风雨终涅槃——从民国初年到解放后重获新生

（1912—1979）

盛极而衰废待兴，“四和”合一志同行。
解放春风沐正道， 风雨涅槃谱新生。

本部分讲述了王致和南酱园在民国初年，历经清朝灭亡，战乱动荡后，数易其主，盛极而衰，于风雨飘摇中艰难求生，又于解放初期公私合营后重获新生，步入『新时期』科研基建与生产现代化建设的发展历程。

第五章

Chapter 5

解放后『王致和』凤凰振翅又涅槃

第一节

盛极而衰“王致和”老店数易其主

1912年，中国历史上最后一个封建王朝历经将近300年的统治，终于寿终正寝。大清朝虽然没落了，但“王致和”南酱园的生意却没有萧条，反而达到了事业的顶峰。

清末民初，南酱园拓展多种经营方式，除了继续沿袭前店后厂的制作、销售模式外，还通过设在东大市临襄会馆内的临襄油市（原址在今东城区晓市大街）向全市各家油盐点批发腐乳。为了扶持一些走街串巷的零售商贩，南酱园还通过代售的方式，鼓励小商贩到酱园趸货，把百年老店的腐乳制品推销到千家万户。

进入民国时期，随着外国商品的不断侵入，北京城原本平静的生活受到西方经济、文化的双重冲击，“王致和”南酱园也难逃盛极而衰的命运。

当时，南酱园已经不再由王致和的子孙经营，而是倒卖给一个叫何炳银的盐商。何炳银并不在酱园亲自经营，而是在背后当东家，店里交给掌柜管理。

1900年，八国联军入侵北京城，百姓惨遭蹂躏，一场熊熊大火，使前门外老字号“同仁堂”与“王致和”南酱园这对同样诞生于康熙八年的难兄难弟难逃噩运。当时，南酱园掌柜和伙计们纷纷逃走，只剩下一个姓彭的学徒伙计留在店里。这个姓彭的伙计把店里收拾得井井有条，即便在兵荒马乱的年头，店里财务也没有受到任何损失。何炳银见此人踏实可靠，就让他当上了“王致和”南酱园的新掌柜。在彭掌柜的悉心经营下，南酱园在风雨飘摇的年月一直保持着行业领先地位。

后来，何炳银做生意赔了钱，又把南酱园倒卖给一个叫王宗林的人，由彭掌柜和王宗林共同经营。此时彭掌柜年事已高，便把掌柜的位子交给了儿子彭雅亭。谁知彭雅亭不务正业，游手好闲，抽鸦片，下烟馆，全然不把经营的事放在心上。由此，“王致和”南酱园的生意由盛转衰，陷入了前所未有的困境。为了维持生计，彭雅亭只好对外融资，饶废荣、刘澄轩相继成为南酱园的股东，形成了四家股东共同经营南酱园的“四足鼎立”局面。由于管理不善，几年来南酱园经营一直未见起色，还欠下了很多外债。最终，饶、刘、彭三位股东相继退股，只有王宗林一人独立承担外债，继续维持着南酱园的生意。

在资金流断裂的情况下，王宗林又向李绍卿借了六百元现大洋作为周转资金，又聘请了齐廷瑞、蒋玉奎两位掌柜，三人各持一定比例的股份，共同负责南酱园的经营。

1938 年，日军占领了北平，南酱园经营举步维艰，为了能够维持生存，王宗林和李绍卿商议，将六百大洋借款和利息一起作为李绍卿的股份，李绍卿成为南酱园最大的股东。在王宗林、李绍卿两人的共同努力下，南酱园逐渐扭亏为盈，为了鼓励员工的积极性，王宗林还制定了三年一分红的制度。

1944 年，王宗林病故，由他的儿子王兴文接管南酱园柜上的业务。由于王兴文不善经营，又与另外几个股东发生矛盾，直到解放前的 1947 年，南酱园一直处在半死不活的僵持状态中。曾经盛极一时的百年老店，在延寿寺街一隅风雨飘摇，艰难求生。

第二节

解放春风沐“四和”
同行“冤家”齐挽手

1950年，初夏，前门外延寿寺街，“王致和”南酱园这块创立于清康熙年间的金字老招牌，经历了清末民初将近四十年的风雨飘摇、数易其主后，终于迎来了全中国解放的春风。晨曦中，“王致和”三个浑厚醒目的大字，与店里飘溢而出的缕缕酱香，一同诉说着这家百年老店岁月沉积的醇厚底蕴。

说起解放后的“王致和”，有一件事颇值得讲一讲。笔者在前一章中曾提及，清末民初时，北京城里相继开设了几家与“王致和”老字号读音相似的腐乳作坊，兴隆街的“致中和”，延寿寺街南口的“王芝和”，还有一家“王政和”，都是以经营臭豆腐、酱豆腐、酱菜为主，四家老店并称“四和”。

“四和”虽然同为腐乳行业，但经营模式各有不同。一种是像“王致和”“致中和”这样的，前店后厂，既有门脸店铺出售，后面又有作坊供给生产，而且产品种类也相对较多，门店销售的同时兼营批发；另外一种就是像“王芝和”“王政和”这样只管闷头生产，做好后批发给小商小贩沿街叫卖的。与“王致和”相比，其他三家腐乳作坊无论在规模、产量还是名气上，都无法望其项背。老百姓们念念不忘的，依然是“王致和”南酱园的臭豆腐。很多人甚至前脚从“致中和”等小作坊批来臭豆腐，后脚就贴上“王致和”特有的大红纸标签，转手卖给小商小贩。这样的形势，迫使像“致中和”这样的中小型腐乳作坊只能走价廉的路线，依托“王致和”百年老店的品牌名声，勉强生存。

那会儿，为了加大生产力度，“王致和”南酱园凭借雄厚的家底，从德国购进了一台“克虏伯”公司生产的电动平磨，这台机器运到延寿寺街的时候，南酱园店门前披红挂彩，敲锣打鼓，出尽了风头，那阵势，着实羡煞了“致中和”等三家腐乳作坊的老掌柜。

在这里，笔者还要简单介绍一下豆腐发酵成腐乳的大体流程，以便读者朋友更好了解“王致和”老匠人们在酿制腐乳过程中付出的艰辛。

首先，大豆泡上一宿后上磨磨成豆糊，接着就是用钉在十字型架子上的豆包布兜子把豆糊过滤出豆浆，这个过程叫“过包”。然后分别在三口大锅上“摇包”，加入清水，进行第二次过滤。豆浆煮沸后，待凉到合适的温度，倒进大木桶里，进行点卤制成豆花，再把豆花捞出来“上榨”制成豆腐干，切成大小均匀的长方块儿豆坯。切好的豆坯被挪到竹子制成的笼屉架子上，摆成“人”字形，让每块豆腐都能最大面积地接触空气，豆腐块之间还得留出手指粗细的间隔，以便前期发酵长出白毛后，工人用手指搓平每个侧面的白毛，俗称“搓毛”。摆好白坯的笼屉抬进发酵房，盖上拧干水的湿豆包布，静静地等待发酵。经过两天左右的前期发酵后，豆腐白坯就会长出洁白蓬松的绒毛，工人把长毛抹平后，再装入大缸，加入秘制汤料进入后期发酵阶段。一般来说，常温下的臭豆腐需要60天才能发酵成熟，而酱豆腐则需要90天，也就是说，豆腐发酵成腐乳前前后后要经过十几道工序，耗时至少三个月，而且越久越香，所以每个作坊都必须严格按照周期计划来生产。

“王致和”南酱园有了德国进口的电动平磨，轰隆隆的电闸一开，500斤的大豆几个小时就能磨好，而且磨得又细又匀。再加上老手艺人凭借多年经验练就的娴熟的“搓毛”工艺，发酵而成的臭豆腐味道浓郁，质地绵软，可谓事半功倍。而其他三家腐乳作坊生产设备还很落后，大部分利用的是破旧的缸、盆、屉，在制作工艺上仍然依靠“小驴拉磨”的传统手工方式，效率很低，每小时最多只能磨 50 斤大豆，如果不能趁着天气凉快尽快投料生产，等到炎热的七八月份，臭豆腐就很容易变质。

掌柜的，您看看人家“王致和”，不愧是百年老店，大机器一开，500 斤大豆子几个小时就磨好了。咱们这小驴拉磨，累死累活，一辈子也赶不上人家呀！

正所谓“同行是冤家”，其他三家腐乳店老板眼睁睁地看着“王致和”南酱园遥遥领先的生产进度，除了羡慕嫉妒，只能望而兴叹。

然而，“王致和”在京城腐乳行业一马当先的日子没有持续多久，便也面临着“巧妇难为无米之炊”的窘境。

1949 年，解放后的北京城民生凋敝，百废待兴，经济处在缓慢的复苏当中。“王致和”南酱园与久负盛名的“全聚德”“荣宝斋”“同仁堂”“六必居”“东来顺”等老字号一样，都面临着资金短缺、原材料匮乏等难题。

大家知道，制作腐乳的原材料是大豆。当时，“王致和”“致中和”用的豆子都是从东北、河北等地区购进的，豆子的品质优良，蛋白质含量高，腐乳的出品率才高。

解放初期，整个国家都处在经济凋敝的困境中，所有腐乳作坊都面临来料紧缺的难题，南酱园负责押料的伙计辗转在外两个多月，才从张家口采买到 500 斤东北大豆，没有豆子下锅，英雄也无用武之地。眼看着那台擦得锃光瓦亮的德国机器躺在厂房里“睡大觉”，掌柜王兴文不禁愁眉紧锁……

资金和原材料短缺的窘境不仅是“王致和”“致中和”等腐乳行业面临的束手无策的难题，也是当时全北京、全中国各行各业的普遍状况，此时的手工业，迫切需要一阵春风，解救他们于困境之中。

令王兴文掌柜意想不到的是，几年后，“王致和”“致中和”“王芝和”“王政和”四家腐乳行业的掌门人齐聚一堂，曾经是“同行冤家”的他们第一次坐在同一张桌前，手紧紧地握在一起，共同顺着时代的洪流，荣辱与共，迈步走进了一个崭新的历史时期。

1952年，国家加快了社会主义改造的步伐。1953年9月，党中央公布了过渡时期的总路线：要在一个相当长的时期内，逐步实现国家的社会主义工业化，并逐步实现国家对农业、手工业和资本主义工商业的社会主义改造。同年，国家为了解决粮食购销矛盾，实行了统购统销，私营企业再也不必四处购买原料，由自产自销转变为从国家领料加工，腐乳作坊只收取加工费。

此时的“王致和”南酱园虽然位列“四和”中的龙头老大，但由于王兴文缺乏经营管理经验，再加上资金短缺、原材料供应困难，一直处于勉强维持的状态。与此同时，党中央对私营企业的改造正如火如荼地进行着。“同仁堂”“六必居”等老字号，作为第一批进行公私合营的试点企业，正轰轰烈烈地融入滚滚向前的历史洪流。1954年8月，“同仁堂”公私合营大会正式召开，“同仁堂”建立了新的管理规章制度和生产程序，购进了新的机器设备，同年产值较1953年增长了16%。这让无数民营企业在危机中看到了曙光，找到了前行的方向。

最终，“王致和”“致中和”“王芝和”“王政和”四个老字号品牌的负责人史无前例地坐在一起，从同行相轻的竞争对手，变成了精诚合作的伙伴。他们要与北京市政府派来的工作组代表一起商讨公私合营、成立联营组的事宜，由分散经营、各自为政走上集体生产、荣辱与共的道路。

1956年，政府正式实施公私合营政策。为了保障市场供应，满足人民的生活需要，1957年，上级领导决定将“四和”与“同义厚”酱园重组合并，在位于田村的“同义厚”酱园投资建设新厂房，扩大腐乳、酱等产品的产量。

田村位于北京西郊（今海淀区），元代时就是门头沟至阜成门古道上重要的村落，亦曾作为往元大都运煤歇脚的驿站。明代时，这里曾是宫人下葬的地方，因此也被村里人称为“哭（苦）村。”后来，当地百姓觉得名字不吉利，便取谐音为“甜（田）村”。

清乾隆年间，田村已经发展为“三街六市七十二眼井”的大村。

解放前，位于田村的“同义厚”酱园是私营企业，以生产酱油、醋、粉条、淀粉和酱菜为主，并设有几个小卖部；1951 年由郊区工作委员会接管，改名“田村酱园”；1952 年归永茂公司管理后又归零售公司管辖，改名“田村酱厂”；1956 年归食杂公司管理，并合并了西直门酱菜厂、鼓楼酱菜厂。

考虑到田村酱厂距离市区较远，可以避免对市区造成环境污染，而且交通运输便利等因素，政府最终决定将享誉京城的“四和”与田村酱厂合并，品牌收归国有。

1958 年 3 月，“田村酱厂”正式批准成立，工人们穿着崭新的工作服，齐步跨进了社会主义新企业的大门。这也标志着，“王致和人”彻底当家作主，成为了新时期企业的主人。

随着时代的发展，田村酱厂的名字几经变更，从田村化学酿造厂、北京市腐乳厂，到后来的王致和腐乳厂、北京市王致和食品集团有限公司王致和食品厂、北京二商王致和食品有限公司，可以说，“王致和”的名字始终没有被历史忘记，每一次更名，都是“王致和”在崭新历史时期的一次质的飞跃。

第三节

科研基建两手抓 腐乳生产走向现代化

如果有人问，“王致和”作为一个从康熙年间诞生的三百年中华老字号，有没有属于“王致和人”特有的性格特质？笔者的回答是：有！肯定有！在一次次化危机为机遇的困境中，“王致和人”秉承着当年落第举人王致和逆流而上、不甘向命运屈服的奋斗精神，遇到困难不躲不怕，不等不靠，善于在绝境中发现转机，攻坚克难，逐渐形成了属于“王致和人”特有的集体“性格”，这种性格特质不仅代表了一个企业的正能量，也决定了它在每一次面临巨大挑战时从不自怨自艾，丧失斗志，而是审时度势，强化自身，变挑战为机遇，从而迈上新的历史台阶。

公私合营后，“王致和”处于基础建设与科研生产并重的关键阶段。对高度依赖传统手工艺操作的腐乳行业来说，“王致和”长期以来依靠的是一代代南酱园老手艺人多年发酵腐乳形成的经验，凭经验操作，靠天吃饭，其中人为和自然因素过多，没有实行标准化生产，使得产品质量不够稳定，制约着企业的发展步伐。在新的历史时期，这个百年老字号亟需科技力量和标准化管理的新鲜血液注入。

二十世纪六十年代，新中国培养的第一批知识分子响应国家的号召——“国家的需要就是我的志愿”，毕业后被分配到国有企业，施展自己的一技之长。“王致和”这个百年老字号，也迎来了天津轻工业学院食品发酵专业毕业的两位“天之骄子”。

空旷的厂区门前，红绸飘扬，掌声雷动，厂长带领着全体工人们整齐列队，高喊着欢迎的口号，用最淳朴的热情迎接两位年轻人的到来。

依当时的社会环境来看，“王致和”只是一个卖3分钱酱油、2分钱醋的微利企业，厂区建设很简陋，腐乳发酵用的坛子一摞一摞地堆放在院子里，工人们挤在狭小的车间，还在用原始的手工生产方式制作腐乳。对钟冠山和王晖这两个从金字塔尖走出来的大学生来说，“王致和”确实没有多么优厚的吸引力。

北京王致和腐乳厂旧厂门

欢迎你们加入“王致和”这个大集体！当年，咱们的老祖先王致和就是读书人，后来弃学从商，一代代的老师傅承前启后，才让这个百年老字号立足京城，名扬天下；如今，咱们“王致和”迎来了史无前例的两位大学生，你们赶上了好时代，你们就是“王致和”未来的希望和财富！

为了让钟冠山和王晖感受到家一般的温暖，“王致和”职工们在北厂仓库腾出了两间房给他们当宿舍，厂长、副厂长和工会主席亲自帮他们打扫卫生，安炉子，搭床铺，采买生活用品……两个年轻人真切地感受到了“王致和人”的真诚与热情。

二十世纪六十年代，“王致和”虽然规模不大，但是产品种类繁多，包括酱油、醋、腐乳、红曲、米酒、味精、酱菜等七个品种。对两位食品发酵专业毕业的年轻人来说，可以发挥专业所长，施展才能的空间很大。两个血气方刚的年轻人听着老一辈“王致和人”口口相传的故事，心里很受鼓舞。当年，王致和敢于打破“万般皆下品，惟有读书高”的时代禁锢，弃文从商创立南酱园，那是一种标新立异的人生选择；而他们赶上了好时代，更要用知识奉献企业，于是决心在“王致和”扎下根来，用所知所学报效国家。

进厂后，钟冠山和王晖被分配到化验室，在实习的过程中他们逐渐发现，“王致和”的腐乳虽然味道浓郁，但生产质量很不稳定。

有时候，一个批次生产的腐乳色香味俱佳；有时候，整个批次质量都很差，不仅腐乳颜色发黄，而且口感也发酸。问题出在哪里呢？是老一辈人制作工艺有问题，还是原材料有问题？

经过仔细分析，他们终于找到了症结所在，一致判定是制作腐乳的辅料——红曲和米酒出了问题。

当时，“王致和”的红曲和米酒主要靠采购，部分由自己生产。但由于技术水平未形成标准化，而腐乳发酵对温度、湿度、手法、环境的要求都很严格，因此，整个生产处在一种“看天吃饭撞大运”的状态中。

我们知道，腐乳发酵所用的红曲是用大米做原料接上红曲霉，在一定的保温条件下逐渐发酵成熟的。但“王致和”过去生产的红曲良莠不齐，有的根本没有发酵成熟，再加上检验技术跟不上，质量标准无法统一，直接影响腐乳的生产品质。

既然是科研技术不过硬，就要在这方面下大力度，多方拜师求艺。经过申请，厂里决定派王晖到千里之外的南京腐乳厂，专门学习红曲从菌种到成品的制作过程。回来后，“王致和”厂制定了红曲的生产环节细则和质量检测标准，所有生产的红曲必须在色价、水分等各个方面达标。自此，“王致和”腐乳生产向科学化、规范化、现代化迈出了关键性的一步。

自 1962 年开始，“王致和”的红曲生产质量稳定，完全满足了腐乳生产所需。此后，“王致和”陆续改进了制曲设备，将红曲发酵改为通风制曲，工艺技术有了很大改进，年产量 10 吨的红曲米，不仅能保证本厂供应，还满足了市场需要。

后来，“王致和”又派学习小组到苏州学习米酒的酿造技艺，从配方到黑根霉的菌种培育，再到分代培养，成品米酒制作完成。技术人员披星戴月地坚守在菌种培养的实验室里，反复试验研究，终于成功地培育出了口味甜香的米酒。从此，“王致和”进行了规范性的米酒生产，制定了严格的操作规范，时间、温度、控制量……每个环节都层层把关，米酒生产再也没有出现过质量不稳定的现象。

腐乳制作的辅料过关了，腐乳生产自然就稳定了，产品质量得到了保障。这也标志着，“王致和”作为一个依赖传统手工艺制作的生产企业，从此走上了标准化、规范化的现代型企业发展之路。

“十年浩劫”期间，“王致和”虽然也受到冲击，但是生产秩序并没有受到太大干扰，工人们严格地执行厂里制定的规范操作流程和规章制度，产品质量一直保持稳定。

二十世纪七十年代，王致和腐乳厂又一次迎来了巨大的挑战。当时，国家狠抓“三废利用”，号召全国企业向废水、废气、固体废弃物这“三废”要宝。“王致和”在积极响应国家号召，投身废水治理的过程中，面临着一个持续多年的顽疾——腐乳生产过程中会产生大量的废浆水，导致细菌滋生，严重污染环境。由于王致和腐乳厂地处北京西郊，排污管线无法接进来，废浆水排到厂区南边的大坑中，每到夏天臭气熏天，附近居民怨声载道，严重影响了“王致和”的企业形象。

为了响应国家号召，北京市组织了一些科研单位、教育单位的专家到企业帮助开展科研项目。二商局研究所会同中科院微生物所、中科院植物所、北京大学生物系的专家一起成立科研小组，到“王致和”考察实践，共同研究解决废水处理的问题。

早在专家团队到来之前，“王致和人”就在废浆水处理上做了很多努力，他们尝试培养一种叫白地霉的酵母菌，然后把这种丝状的酵母菌接种到废水中，产生大量白花花的酵母。专家们来到厂区后，建议继续保留这个项目，从废浆水中继续提取酵母，进而从酵母中提取核酸。当时，核酸在市场上有很高的经济价值，一公斤可以卖二百多元，而一块小小的腐乳才卖几分钱，“王致和”从废浆水中提取核酸的这一大胆举措，真正可以说是变废为宝！

在专家们的帮助下，“王致和人”团结一心，努力摸索钻研，成功地从酵母中提取出了核酸，再把核酸进行烘干、粉碎，制成粉剂，最后卖给首都啤酒厂，实现了一次变废为宝、化“挑战”为“机遇”的飞跃。

王致和腐乳厂老水塔

从 1970 年到 1978 年，“王致和”的科研水平、技术操作水平，包括职工的思想意识都朝着现代化方向发展。通过红曲、米酒、核酸等几个项目，“王致和”的技术水平获得了大幅提高。为了大力支持科研工作，王致和腐乳厂又向上级单位北京市二商局申请，为实验室购置先进的仪器设备，包括大型检测仪器、高速冷冻机器，使“王致和”的硬件和软件都达到了行业领先水平。

有了科研技术做保障，“王致和”腐乳厂又在基础建设方面加大了力度，先后完成了水塔、发酵室、腐乳车间等设备的建设与修缮。在这个过程中，“王致和人”自力更生、艰苦奋斗的传统进一步发扬光大，先后解决了老厂在“水、电、气”等几个方面存在的老旧问题，水塔倒塌、电路不稳、锅炉老旧……面对这一系列棘手的基建难题，“王致和人”用“有条件要上，没有条件创造条件也要上”的“铁人精神”迎难而上，创造了一个又一个技术奇迹。

二十世纪七十年代，国家电力普遍供应不足，即便是首都的企业也三天两头停电，“王致和”腐乳厂也不例外。大家知道，腐乳发酵过程需要鼓风、降温，一旦断电，风机就会停转，米曲的温度就会升高，一旦温度较高，菌全部都会被烧死，腐乳发酵会受到严重影响，投产的几千斤粮食就全都浪费了，这对“王致和”腐乳厂来说，无疑是巨大的经济损失。

为了解决电力不稳的顽疾，“王致和”腐乳厂从山东龙口购进了一台 185 马力的柴油发电机，全厂员工齐上阵，自己安装，自己调试，遇到停电，先把外线的电闸拉掉，厂子自主发电。当时，厂里的线路多半已经老化，一刮风，木头电线杆子来回晃动，非常危险。厂领导毅然决定把所有的电线杆全部拆除，全部安装地下电缆。当时，电缆施工是一项技术性很高的工作，厂里针对资金紧缺、任务繁重的情况，决定自己施工，买电缆、挖沟、填土、铺电缆……全部由“王致和”腐乳厂自己的职工披挂上阵，最终把电通到全厂每个车间，为厂里节省了上百万元的支出，不仅腐乳生产过程平稳运行，职工的生产生活也得到了保障。

电路、电缆靠自己铺设，新水塔靠自己搭建，用气发热的问题也同样靠自己解决。当年，王致和腐乳厂有一个哈尔滨产的兰开夏大锅炉，外形酷似火车头，蒸汽量达 4 吨，这种锅炉都是人工烧煤，工艺陈旧落后，安全系数低，甚至发生过气压过高导致的爆炸事故。为了排除隐患，厂领导带领维修车间的师傅和设备组的工人，一起到位于石景山的北京锅炉厂购进了一台价值 20 万元的散装蒸汽锅炉。当时，组装好的锅炉要 50 万元，为了节省开支，厂职工继续发扬艰苦奋斗的作风，全员上阵组装锅炉配件，两个大炉桶、大汽包、各种蒸汽管……全部是由厂子里的员工自己组装完成的。这足以看出“王致和人”的精诚团结，万众一心。有了这个蒸汽量达 13 吨的大家伙，王致和腐乳厂又增加了 9 个车间，腐乳的前期发酵、后期发酵都由这一台锅炉解决，腐乳厂生产一直保持稳定。

1977 年，“王致和”腐乳厂经上级批准，扩建了一幢腐乳车间，更新了全套生产设备，“王致和人”依旧秉承自力更生的老传统，整个扩建全部由自己解决，经过半年的机械调试和试生产，腐乳车间于 1978 年 9 月正式投入生产，腐乳选料、磨制工序基本实现了机械化、现代化，年腐乳价值可达 8500 万元。

有人曾说，“王致和”能够在“十年浩劫”中幸免于难，能够在每一次社会的动荡变革中转危为安，逆流而上，是因为这个厂子风水好，老祖宗保佑。事实上，这一切成绩都要归功于“王致和”多年来形成的勇往直前、不畏万难的集体“性格”，不管外面的世界刮什么风下什么雨，“王致和人”始终不等不靠，积极探索，在厂领导的带领下紧密团结，踏着时代的洪流稳步前进！

【第三部分】

承前启后铸匠道——从改革开放后的老牌国企到新时代大国工匠

（1979—2020）

改革开放谱新篇，产业革命步狂澜。
扬帆出海显国力，匠心正道三百年。

本部分讲述了北京『王致和』腐乳厂在改革开放的形势下，锐意进取，挺立潮头，掀起腐乳产业革命，一代代『王致和人』践行着老祖先磨尽铁砚的匠心精神，以文化为依托，以匠心为正道，着力打造『王致和』企业品牌形象，顺应国家战略扬帆出海，在国际市场赢得一席之地，书写三百五十年大国工匠传奇的一段波澜壮阔发展历程。

王致和

第六章

Chapter 6

顺应时代

开拓创新

「王致和」挺立潮头

第一节

走出北京　开拓外埠市场的“三步走”战略

自1978年12月十一届三中全会开始，中国开始实行对内改革、对外开放的政策，企业发展迎来了翻天覆地的巨变。随着计划经济向社会主义市场经济的转变，政府鼓励企业由生产型转为经营型、开拓型。对一直秉承着不畏万难、勇闯险关的“王致和”来说，时代的变革赋予了他们更加艰巨的挑战，同时也让他们经历了蜕变前的阵痛，在这时代的洪流面前，他们惟有继续开拓进取，才能挺立于不败的潮头。

二十世纪七八十年代，全国的腐乳行业一度出现了前所未有的混乱状况。原来，在计划经济向市场经济转轨的过程中，国内的粮食统销统购，原则上不能出省，北京市要求本市产品控制在本市销售，尤其是酱油、醋这些老百姓生活必需的调味品，只能在保证本市供应的前提下，少量向外埠市场销售。然而，一场市场经济改革的春风席卷神州大地，1991年，国家粮食政策放开，粮食价格上涨，黄豆由一公斤三毛钱涨到了两块钱，这对以大豆为原材料生产的腐乳企业来说，无疑是巨大的压力。很多企业几十年来习惯了向国家伸手要钱要粮、旱涝保收的运营模式，一时无法适应时代变革的要求，相继减产疲软，一蹶不振。而“王致和人”在市场大变，销售动荡的局势下，却保持着镇定自若的姿态，厂领导鼓励大家说，这是计划经济向市场经济转变的阵痛，是必然现象，“王致和”正是要借助这股改革之风，扬起品牌的风帆，冲破之前墨守成规的本地市场销售模式，开拓一个全国性的大市场，让“王致和”这块金字招牌走出北京，在全国各地生根开花。

当时，王致和腐乳厂隶属于食品酿造工业公司，公司下属十几个单位，仅仅酱油厂就有七八个，而“王致和”的生产规模并不大，除酱油外，产品比较单一，主要是坛装臭豆腐、酱豆腐及部分调料。由于长期受到计划经济体制的限制，“王致和”的市场面相对狭小，腐乳销售一直处于附属地位。早在市场经济体制改革到来之前，颇有远见的“王致和人”就萌生了向外拓展市场的想法。

的确，时代赋予了他们前所未有的机遇，无限广阔的市场在向锐意进取的“王致和人”招手。经过反复周密部署，“王致和人”制定了走出北京、走向全国拓展市场的“三步走”战略。

第一步，即“三北两线”战略：立足于北京和北方地区人们的生活习惯、饮食口味，以及“王致和”产品在这一区域经过数百年经营拥有的深厚消费者群体，确立以北京市为核心，向东北、西北、华北（三北）三个首要开发地区辐射的战略；另外，由于京广、京沪（两线）沿线城市较多，铁路交通发达，人民生活水平、消费水平较高，因此以“两线”为战场，向江南、沿海、特区伸展，目标是在十年左右的时间内，使“王致和”的产品遍及全国各地，把影响力扩大到我国港、澳、台地区乃至世界范围。

当时，王致和腐乳厂出现了这样有趣的一幕：供销科人员人人手里举着一张放大版的“中国地图”，科长带领大家仔细研究，从东北、西北、华北到江南、华南，认真划分每个业务员负责的销售区域，由于人员缺乏，任务量大，常常是一个人负责两个省的销售，看着地图上圈圈点点的痕迹，就像一块又一块被抢占的阵地，大家都充满了昂扬的斗志，一个个豪气冲天。而这份特殊时期的“王致和”战略地图，也成为那个时代“王致和人”指点江山、勇于开拓的珍贵记忆。

开发新产品、不断以新品种、新样式、质优价廉的产品引导消费者，这是“王致和”迈出的第二步。

二十世纪七十年代末，南方的桂林腐乳，北京的“王致和”腐乳，黑龙江的克东腐乳，组成了我国南北方腐乳市场的三个主要品牌。“王致和人”出于长远的生产和发展考虑，经常派专人到其他两个企业学习观摩，切磋技艺，取长补短。经过几年的研发，“王致和”生产的腐乳在融合南北方口味优长的基础上，日趋多样化、系列化，先后生产出玫瑰、桂花、甜辣、小红方、精致火腿、糟方、青方腐乳等十余个品种，还进一步细分为缸装、中方瓶装、坛装、四旋瓶装及单块盒装、塑料桶装、礼品腐乳等，老百姓走进副食店，看到货架上的“王致和”腐乳琳琅满目，每个瓶瓶罐罐，都讲述着一段不同寻常的腐乳发展之路。

“王致和”产品及获奖证书

说到新产品研发，“王致和”不断推陈出新，以“质量至上，信誉第一”为宗旨，将传统生产工艺与科学生产工艺相结合，将创名优产品列为重要目标，并结合南方老百姓的口味，独辟蹊径地生产出一款“豪华版”的白菜辣味腐乳。将白菜帮子弃之不用，只用里面的茎叶，然后经过腌制、蒸、晒等工序，使白菜茎叶变得很有韧劲儿，再加上糖、辣椒等香料发酵，这样制作出来的白菜辣味腐乳风味独特，口感软中带韧，既有白菜的脆甜，又保持着腐乳的软糯鲜香。一经投放市场便受到消费者的欢迎，甚至达到供不应求的程度。

此外，还有将虾籽放在腐乳里，经过发酵而成的虾籽腐乳，用酿酒的剩料深度发酵而成的糟方腐乳，用碎豆腐制作成的涮羊肉调料，用干黄酱制成的沙茶酱和辣油辣酱，这些产品得到了老百姓的认可，真正验证了那句老话——“金杯银杯不如老百姓的口碑。”“王致和”先后被评为北京市优质产品，获得二商局科技成果奖。1986 年，“王致和”臭豆腐被评为北京市优质名牌产品，产品在经济效益、品牌声誉上不断提升。

“王致和”迈出的第三步是砸掉铁饭碗，实行多种承包责任制。市场经济体制改革后，“王致和”除了狠抓产品生产，还注重加强企业人员的管理，激发职工的劳动生产积极性。1981 年，按照公司的安排，要在企业内部建立经济责任制，腐乳厂制定了一套考核办法：将全厂三十多个部门和单位分成一线、二线、三线，实行包产到车间、任务到组、责任到人的制度，并采取多劳多得、按分计奖的奖励制度，打破了传统意义上的“大锅饭”“铁饭碗”，有效地调动了职工的积极性和生产热情。

当时，社会上有个名词叫砸掉“三铁”，也就是铁饭碗、铁位子、铁工资。王致和腐乳厂顺应时代潮流，顶着巨大的压力，大刀阔斧地砸掉了旧体制的“三铁”，无论对工人还是管理层，都是一场轰轰烈烈的“大地震”。事实证明，“王致和”的改革举措，让企业焕发了新的活力，无论工人、干部都实行择优录用，使一批有真才实学的青年进入了管理层，同时也改写了很多“王致和人”的命运。

就拿上榨这道工序来说吧，它是腐乳制造几十个工序中至关重要的一个环节，需要上榨工人娴熟的技术、极强的悟性和丰富的操作经验。在砸掉“大锅饭”之前，工人干多干少一个样，干好干坏一个样，比如每次投放 2800 斤原料，4 个上榨工人每人负责 700 斤黄豆，有的能够达到核定出品率，甚至超标准完成；有的则长期不达标，总是拖班组的后腿，企业还拿他没办法。车间实行关键岗位择优录用后，上榨岗位有 5 元至 7.65 元的奖金，如果干得好就可比别人多得奖励，干不好就优胜劣汰，由别人来竞争上岗。这样一来，技术好、悟性高的工人择优上岗，生产积极性提高了，上榨效率和质量也明显提升。

为了鼓励工人多投入、多生产，腐乳厂还实施了一系列活分活职、按分计奖的激励制度。从磨制、上榨到后面的前期发酵、腌制、后期发酵，一个车间的每一道工序、每一个班组，都要按科学的定额进行操作，车间职工按照每人超额的产量和质量的评分结果，最后计算奖金，只有生产数量、质量齐头并进，才能获得奖励，否则，如果产量上去了，但出品率不达标或质量不过关，非但不能奖励，还得惩罚。

自从厂里实行了包产到车间、任务到组、责任到人的奖励制度后，工人们的积极性大大提升，尤其是酱油的出品率不断攀升。当时，全北京市的酱油平均定额出品率是 580 斤，而“王致和”酱油的出品率一下子提高到了 641.2 斤，在全市评比中获得第一名的佳绩。

拓展外埠市场、研发产品种类、砸掉旧体制的“铁饭碗”，“王致和”腐乳厂的三步走战略，可谓先声夺人，在我国改革开放初期的市场经济大潮中阔步向前，挺立潮头。

厂领导深刻地意识到，社会主义企业的职工，不仅仅是为企业提供劳动力的人，还是和整个企业命运休戚与共的共同体。因此，企业要想在市场经济大潮中立于不败之地，就必须重视人员素质的培养。几年来，“王致和”腐乳厂先后举办了各种提升业务能力、技术水平的教育培训，外聘老师为青年职工补习文化知识，鼓励职工参加社会开办的大学函授课程，使职工的整体素质得到提高。

我们来看这样一组数据：1977 年以前，王致和腐乳厂只有技术人员2人，中专以上文化程度的有20人。到1986年，全厂大专以上学历的有6人，技师2人，技术员6人，受过中等教育的21人，35岁以下的职工全部达到初中文化程度。这对依靠纯手工制造为主的腐乳企业来讲，已经是相当不易的事情。

尤其值得一提的是，在二十世纪风云激荡的八十年代，当许多企业的职工都在为丢掉了铁饭碗、铁位子、铁工资而怨声载道、大哭大闹时，“王致和人”却显得异常沉着冷静，大家都非常理解企业的改革，对企业的未来充满了信心。这一方面归功于企业领导的胸襟气魄，敢作敢为的精神，另一方面也得益于企业深厚的历史文化底蕴与优良传统。“老祖先”王致和弃文从商的传奇故事，深深激励着每一个“王致和人”的心，“王致和”这三个字，不仅仅代表了企业的文化，同时也成为了根植于他们心底的一种精神标识。他们都为延续着“王致和”特有的性格特质和文化基因而深感自豪！

可以说，如果没有“王致和人”对时代赋予的机遇的果断把握、大胆尝试、勇敢开拓，就没有改革开放初期挺立于时代潮头的“王致和”腐乳厂；“王致和”这三个字，早已不是一个人的传奇，而是一群人、一代人，一个集体共同的人格操守与智慧凝结，无论什么时代，他们都能缔造辉煌，书写荣光，创造奇迹，因为他们有一个共同的名字——王致和。

第二节

“王二代”“王三代”薪火相传 见证臭豆腐厂华丽蜕变

在“王致和”腐乳厂，有一个十分有趣的现象：不少五十岁上下的员工一家几代人都在厂子里工作，父母是解放前老一辈的腐乳制作工人，被称作“王一代”；而自己从记事儿起就在腐乳厂里生活，闻着臭豆腐的味道长大，亲眼目睹了“王致和”从解放初期到改革开放后挺立潮头的发展过程，后来顶替父母进了腐乳厂，结婚成家，一直干到退休，成了名副其实的“王二代”；二十世纪九十年代后期，由于销售市场的扩张和细分，腐乳厂亟需各式各样的高级专业技术人才，已到退休之年的“王二代们”又纷纷鼓励自己的孩子，大学毕业后加入“王致和”的行列，在企业发展的黄金时期贡献聪敏才干。

从解放初期靠手工作坊生产的“王一代”，到从父母手里接班的“王二代”，再到改革开放后用科技知识服务现代化企业的“王三代”……“王致和人”一路薪火相传，对企业充满了深厚的感情，只要提起“王致和”三个字，他们每个人脸上都洋溢着发自内心的自豪感、认同感与幸福感。

“王致和人”之所以对企业有如此深切的感情，究其原因，与新中国成立后几十年发展过程中，企业对员工的爱护、关心密不可分。就拿厂区基建这件事来说，就可以充分看出企业对员工在生活、工作上事无巨细的关心。

二十世纪六七十年代，“王致和”腐乳厂的厂区环境简陋不堪，110 亩的占地面积，从北边的腐乳车间、红曲米车间、酒车间到员工宿舍、后期发酵室，几乎都是坑洼的土路，一遇到刮风下雨，头上漫天飞沙，脚下泥泞难行，给员工生活带来了极大的不便。因为厂子地处郊区，南面傍山，四周荒僻，交通不便，腐乳厂的员工每天上下班，只有一趟从阜成门开往门头沟的 336 路老公交车，据说那个车还是抗美援朝时期淘汰下来的，条件艰苦可想而知。

在腐乳厂上榨车间，经常可以看到这样令人心酸的一幕：工人们上榨操作的时候，车间里四面漏风，一抬头，就能看到屋顶外面的天。一阵七八级的风刮过，屋顶上的石棉瓦被掀翻，顺着缝隙噼里啪啦往下掉，工人们赶忙抄起舀豆浆用的大铁瓢扣在脑袋上，然后继续工作……

看到职工们在如此艰苦的条件下冒着生命危险工作，厂领导心里很不好受。要想改善工人们的工作环境，就需要资金，但在那个特殊的时期，厂里又不能一味伸手向国家要钱，办法只有一个，那就是自力更生。为此，厂里专门组建了一支基建队伍，充分利用现有条件，能用什么用什么，没有什么就自己制造！

造楼板，造吊车，盖厂房，打方砖……“王致和人”再次发挥艰苦奋斗的老传统，厂领导带领全厂上上下下，展开了一场基础设施建设的全厂总动员。

首先在厂区南侧建了一个预应力车间，专门生产盖楼的预制钢板，职工们用这些自产的预制板搭建了新车间的发酵室；为了最大限度地节省开支，“王致和人”还自己动手造了一个电动起吊车；为了解决厂区泥沙漫天的面貌，基建队自己打砖铺路，将原先泥泞不堪的土路都铺上了水泥路面，方便厂职工上下班出行，还稳定了周边农村大队、社队的农商关系和企业关系。当时，天安门广场的地砖需要定期更换，由于“王致和”腐乳厂基建队自己打的方砖质量过硬，很多人都到厂里来采购。

职工们提起这件事，就充满自豪感地说：

别以为我们“王致和”只会造泡在坛子里的“小方砖”，我们厂的大方砖都铺到天安门广场了！

为了进一步美化厂区，让职工有一个温馨的生产、生活环境。“王致和”腐乳厂专门派人到北京市昌平区保温瓶厂参观，学习该厂的美化建设经验。大家纷纷表示：盖房子、铺路这样难啃的硬骨头都能自己搞定，美化建设这种小事儿更不在话下，还是那句老话——自力更生，白手起家。

厂基建队再一次齐心协力，在预应力车间旁边搞了一个花圃，又在厂区的马路两侧都种上黄杨树，再配上串儿红、冬青草；为了增加厂区的文化气息，彰显百年老字号的历史底蕴，厂里又修建了假山、凉亭、观鱼池，还种植了清雅的荷花。放眼望去，修建一新的厂区纵横交错，道路宽阔，两侧绿树成荫，花草掩映，既有情趣又富含文化气息。“王致和人”徜徉其中，感觉既振

王致和腐乳厂新厂门

奋又温馨，由衷地爱着自己工作生活的这个大家庭。后来，“王致和”被北京市评为了花园式工厂，这个解放初期被外界称为“臭豆腐厂”的简陋厂区，真正实现了凤凰涅槃的华丽蜕变。

在“王致和”腐乳厂，感人的一幕随时随地都会上演。据厂里的老职工们回忆，那时候厂里只要一遇到停电，职工们不用领导打电话通知，撂下饭碗都会自发地往车间跑，去抢救那些做酒曲用的曲子，一干就是一两个小时，没有一个人叫苦叫累。

“王致和人”这种自发地爱护企业、维护集体利益的举动说明，只有企业心里装着职工，时时处处把职工放在第一位，职工才会从心底里把企业当成家，心里才会时刻装着“王致和”。几十年风风雨雨，“王致和”腐乳厂的领导们是这样说的，更是这样做的。

在完善基础设施建设、美化厂区环境的同时，厂领导始终没有忘记职工的生活和后勤保障工作。原来，腐乳厂里只有一个托儿所，很多工人都是双职工，最发愁的就是孩子没人带。为了解决工人们的后顾之忧，厂领导决定在厂区南边的生活区，新建一座四百多平方米的幼儿园，并破例批准，56 天的婴儿也可以接收。二十世纪八十年代初期，厂领导还特意拨款购买了一辆大轿车，专门为厂区职工接送孩子。随着生产建设的发展，“王致和”腐乳厂不断提高职工待遇，兴办福利设施，还修建了两栋家属宿舍楼和单身职工宿舍，在职工的后勤生活保障上下足了功夫。厂里有的年轻职工刚结婚，领导就破例分给他们房子，新建的家属宿舍，每一户都是两间房，一个小院，再加一个小厨房，自来水管通到院子和厨房旁边，最大限度地解决职工的衣食住行所需。当时，社会上很多年轻人都羡慕“王致和人”优厚的待遇，纷纷愿意加入这个大家庭，到“王致和”安家立业。

为了解决全厂几百名职工吃饭的问题，厂领导一声令下，将原来的简易食堂扩建成能同时容纳五六百人用餐的大礼堂，既改善了职工的用餐环境，又方便厂里举办大型活动。为了丰富职工的业余生活，厂里还将原来的办公楼改成了“工人俱乐部”，开设阅览室、娱乐室、图书室、老干部活动室，这些福利设施的创建，真正地把职工的心拧成了一股绳，对调动工人的生产积极性起到了至关重要的作用。

几十年后，“王二代们”回忆起当年在王致和腐乳厂工作的情景，无不充满感激地说：

“王致和”就像我们的大家庭，大大小小的事儿，厂里都替我们想到了，领导对我们这样关心，我们能不好好干吗？领导指哪里，我们就打哪里！

就这样，“王致和人”不仅每天在腐乳车间里加班加点地生产着“小方砖”，同时也在为社会主义建设无怨无悔地添砖加瓦，正因为腐乳厂风气正、文化深，厂领导设身处地为职工考虑，把他们的实际困难放在心上，职工们才会对企业流露出真情实感。

几十年的时代变迁，“王致和”的领导班子换了一届又一届，但这种爱护职工、把职工当亲人的传统一直延续着，不计其数的“王二代”“王三代”们，早已把“王致和”当成了自己生命中不可或缺的一部分，他们的血液里，深深地烙下了“王致和”的印记，这一生都难以磨灭。

从“大缸造　小块卖”到直装工艺 “王致和”掀起腐乳产业革命

说起诞生于清康熙年间的“王致和”，每一个不同的历史时期，都有一段令人荡气回肠的故事。大家还记得，解放前老百姓买臭豆腐、酱豆腐的情形吗？那时候，北京大街小巷都有副食店，想吃这一口了，就拿着小碗或小竹篓，到副食店走一趟。

“来了您哪，要点什么？”

“您受累，给我盛两块臭豆腐！”

售货员小心翼翼地从货架上的大坛子里舀出两块青腐乳，放进小碗里，再往上面浇点腐乳汁，腐乳吃完了，剩下的酱汁儿还能炒个家常小菜，透着老北京人浓郁的生活气息，充满了人情味。

在相当长的一段时间里，“王致和”臭豆腐、酱豆腐都是采用这种方式售卖，也就是人们常说的——大缸造，小块卖。尽管有人大胆地设想，将这种粗笨的坛坛罐罐换成便于随身携带的小包装，但由于装瓶过程要在腐乳发酵成熟之后进行，如果把酿造成熟的腐乳装进小玻璃瓶，纯手工操作的难度太大，也容易造成损耗。因此，长久以来，全国各地的腐乳沿用的都是这种传统的销售模式。

进入二十世纪九十年代后，随着改革开放步伐的加快，邓小平南方谈话的风潮席卷了整个中国，国内企业迎来了新一轮的改革热潮。此时的“王致和”，正蓄势待发，准备迈步走进英姿勃发、突飞猛进的新时代！

针对当时国家的大政方针，厂领导提出了极具挑战性的“三个工程计划”：即近期（1995年前）改进产品质量、扩充市场、使年销售额达到5500万元；中期（1997年前）站稳市场脚跟，蓄势爬坡，使年销售额达到7000万元；远期（2000年前）实现品种多样并重，形成集团式经营，年销售额超亿元。随之而来的，是一个有思想、有远见、有格局的“王致和”，企业真正开始插上了腾飞的双翼。

1993年，人心定，形势稳；1994年，产、供、销运转良好；1995年实现一期目标，腐乳产量达1.6亿块，销售额达5500万元，利润实际实现近1000万元，“王致和”创造了自企业诞生以来前所未有的辉煌成绩。这个成绩的背后，离不开一代代“王致和人”的锐意改革、迎难而上，更离不开领导的胆识、魄力与决心。下面我们就从腐乳直装工艺改革这件具有革命意义的事情说起。

前面我们说过，传统的“王致和”腐乳都是在大缸或者坛子

自主研发自动切块设备

里完成后期发酵的，一个坛子可以盛 360 块豆坯，最上层和最下层的腐乳，按照业内行话叫作“坛头”和“坛尾”。很显然，这两部分的腐乳都不如中间的味道好。为了使豆腐均匀发酵，工人们在腐乳发酵过程中要进行几次翻缸，每隔十几天或者二十天，工人就要爬到坛子垛上，把顶层的豆腐翻到缸底。由于豆腐在后期发酵过程中物理结构发生了变化，质地非常细腻，翻缸的时候一不小心就会破碎，就算是技术再娴熟的工人也不能保证没有损耗。另外，在发酵过程中，技术人员要定期到发酵车间检查每个批次的腐乳发酵进度，人在垛子之间爬上爬下，冬天还好，一到了夏天，车间里又闷又热，稍不留神，就会出现坯子发酵不好的情况。

此时，时任厂长韩铁山等领导做出了一个大胆的决定：既然大坛子装的腐乳破损率高，交通运输不便，不如把发酵成熟的腐乳倒装进小包装玻璃瓶里，既美观大方，又方便运输，还可以改变老百姓长期以来形成的零散购买的消费习惯。

但是，随之而来的问题出现了：把腐乳成品从大缸大坛子里改装到小玻璃瓶，人工操作的难度提高了，发酵成熟的腐乳质地绵软，筷子轻轻一夹就碎了，而且这种包装成本较高，改变起来困难重重。

腐乳装瓶工艺流水线

然而，每一次困难都没有拦阻“王致和人”改革创新的步伐，一次偶然的发现，让他们碰撞出了思想的火花。

1986 年，腐乳厂领导组织到外地参加展览，由于用大坛子携带样品不方便，就把检验员放在小玻璃瓶里的腐乳“样本”贴上标签，带去参加了展览。谁想到，在这次展览会上，“王致和”带来的小玻璃瓶样本出尽了风头。参展的人们围在“王致和”的展台前，一个个瞪大了双眼，就像观赏工艺品一样，端详着玻璃瓶里小小的豆腐块。这种精美轻巧的小包装一下子博得了同行们的赞许。

展会结束后，王致和腐乳厂领导集体开会讨论，决定将腐乳改装工艺提上议事日程，将腐乳发酵从大坛子挪进小瓶子，彻底打破百年来运输不便、耗损大的弊端，使产品销售不再受工艺所限。小小的办公室里，“王致和人”又一次齐心协力，集思广益，并成立了专门的研发小组。

然而，每一次改革都不是一蹴而就。其中遇到的困难远比想象的要多。前面我们说过，传统工艺的腐乳发酵是一坛子装 360 块豆坯，分成好多层码放，可是改成瓶装腐乳后，一瓶只能放 8 块，最多码放两层，相当于只有“坛头”和“坛尾”，而且玻璃瓶与大缸相比，透气性差，发酵效果肯定会受到影响。有人甚至质疑，把腐乳装进小瓶里发酵，“王致和”多年来的味道就荡然无存了！

改革的过程难免产生矛盾和异议。当时，厂里很多老师傅都对此持强烈的反对态度。

这做腐乳的手艺都传了上千年了，老祖宗就是这么一代一代传下来的，从来没听说过用小玻璃瓶装臭豆腐，你们这些年轻人就是瞎胡闹，不尊重传统！

面对众多的质疑和指责之声，研发小组的负责人沉着冷静，用事实说话，先从臭豆腐入手，通过对汤料配方比例进行反复测算、实验，将豆坯直接装入玻璃瓶，进行灌汤发酵。经过一个发酵周期的实验，臭豆腐发酵成功了！装在小玻璃瓶里的臭豆腐，口味与大缸里的没有什么区别，还是“王致和”的老味道。老师傅们望着这一幕，纷纷喜极而泣地说道：

我们不是反对改革，而是担心这腐乳做出来，不是咱们“王致和”的味儿了，这下我们可放心了！

臭豆腐实验成功后，技术小组又开始对酱豆腐进行调试，将20000块酱豆腐放在发酵车间，进行瓶装灌汤实验。没想到，这次尝试没有取得成功，几个月后，一瓶瓶红汤全都变成了白色，由于腐乳发酵成熟后不可逆转，这批实验品只能按照报废处理。许多经历过那次惨痛教训的老职工都记得，当时偌大的车间里，从厂领导、技术人员，到工人师傅，一个个目瞪口呆，鸦雀无声，有的耷拉着脑袋，有的深深地自责，有的则捧着报废的瓶装腐乳放声大哭，大家都是多年来与企业荣辱与共的“王致和人”，眼睁睁地看着这么一大批原材料白白浪费，那种心痛可想而知。

领导，您快看看，这几瓶腐乳没坏——

就在所有人都垂头丧气的时候，一个发酵车间的工人跑了进来，手里举着两瓶色泽鲜红的酱豆腐，就像发现了“新大陆”一样欣喜若狂。

太好了，这说明，我们的实验没有完全失败！

大家一起跑回发酵车间，发现那些没有避光的腐乳都已退色变白，而下面几层的腐乳却都是好的，玫瑰红的酱汁，看起来娇艳欲滴。

哎呀，原来坛子发酵的腐乳都是天然避光的，我们怎么忽略了这个问题啊！

经过这次深刻的经验教训后，“王致和”后期发酵的瓶装腐乳全部进行避光处理，又经过了两年多的反复实验，终于成功地研发出了腐乳酿造直装工艺，发酵周期从过去的 4 个月缩短到 60—90 天，可以不受季节和天气影响，常年连续生产。

由此，“王致和”腐乳实现了由传统大缸发酵到小瓶直装发酵的历史性变革，获得了第一项国家发明专利，并建成了全国第一条腐乳直装生产线。

腐乳直装工艺研发成功后，“王致和”带动了整个腐乳业规模化生产的技术革命。这足以看出“王致和人”博大的胸怀与格局，并非考虑企业的一己私利，而是站在腐乳行业整体发展的层面考虑问题，体现出一个传承了数百年的中华老字号应有的社会责任感。

从 1991 年开始，“王致和”正式采用直装工艺生产腐乳，第一批 30 万瓶腐乳一经投放市场，便被抢购一空，紧接着第二批扩大生产到 50 万瓶，依然供不应求，成功地占据了农贸市场与个体经营这一销售市场。短短几年间，传统的大坛子腐乳渐渐淡出了市场，全部换成了直装工艺发酵而成的腐乳。

这一次腐乳产业革命，是由“王致和”率先完成的，并且使

腐乳直装工艺鉴定会

全国各地的腐乳企业随之受益，这也为“王致和”的产品进一步走向全国的战略规划奠定了坚实的基础。

在腐乳直装工艺的改革过程中，还有一件十分有趣的事情。当时，玻璃瓶直装的腐乳用的是塑料盖，后期发酵时工人会把瓶盖拧得很紧，经过1—3个月的发酵后，必须再把瓶盖松动一下。否则，发酵膨胀后的腐乳汁就会顺着瓶盖溢出来。当时，“王致和人”把这种酱汁外溢的现象称作“哭天抹泪”。看着一瓶瓶摆放整齐的玻璃瓶腐乳，瓶口处留下的黄色盐嘎巴，大家又想哭，又想笑。为了不影响美观，工人们只好在腐乳上市前，用布一瓶瓶擦拭，然后再贴上商标。但这样做效率很慢，腐乳投放市场后还会继续发酵，如果再出现“哭天抹泪”，就只能由柜台的售货员处理了。

当时，“王致和”腐乳厂的销售人员经常接到消费者的反馈，反映瓶装腐乳瓶盖不干净，瓶口处脏兮兮的，结着一层黄嘎巴。这虽然不影响腐乳的质量和口感，但对有着几百年历史底蕴的“王致和”来说，实在有损于企业的品牌形象。

习惯了在技术上攻坚克难的“王致和人”从来不会回避问题，领导班子开会研究后，做出了果断而坚决的决定：

换！全部换铁盖！我们是有着几百年历史的中华老字号，如果让我们的腐乳继续“哭天抹泪”，不但消费者不接受，连老祖宗都不会答应！

领导一声令下，直装腐乳全部换成了铁盖。但是，问题又来了：一个铁盖的成本比之前增加了2毛钱，腐乳本来就是微利产品，靠的是薄利多销，一个瓶盖增加2毛钱成本，一年下来就是四五百万的投入。

厂领导仔细地算了一笔账后，不禁皱起了眉毛。怎么办？办法依然只有一个，那就是迎难而上。

厂领导痛下决心，利用食品工业行业新研发出的机器旋盖技术，设计一条用机器刷瓶口的生产线，自动上盖，自动退盖。

2006年，“王致和”腐乳厂派出技术人员，与一家设备生产厂共同研发，终于成功地设计制造出符合“王致和”生产要求的流水线。于是乎，令人叹为观止的一幕出现了：一瓶瓶玻璃瓶装的腐乳，在循环往复的流水线上滚动着，退盖，自动刷瓶口，再上铁盖……看着色泽鲜红的腐乳汁一瓶瓶灌满、封严，“王致和人”就像看着一幅最美的画卷。

此后，“王致和人”经过科研实践，又取得了另一项国家发明专利，实现了用液体深层发酵制备毛霉菌种，并致力于研发全营养腐乳，真正实现了以现代生物工程技术改造传统产业的战略目标，对整个腐乳产业的发展变革具有划时代的意义。

二十世纪九十年代中后期，王致和腐乳厂通过科技创新、设备创新、工艺创新、产品创新与时俱进，加快了由传统生产管理向规模化、现代化的进军步伐。

二十世纪八十年代的腐乳车间

高擎文化大旗
打造"王致和"企业品牌形象

"一臭万年，香飘万家。"这曾经是"王致和"腐乳厂当年打出的标新立异的宣传口号，生动而形象地诠释了"王致和"产品的形象与魅力，然而您也许不知道，在这句看似平凡的口号背后，凝结着多少人的心血与智慧，凝结着多少次思想的撞击与淬炼。"王致和"三个字何以流传三百年，长盛不衰？不仅源于其悠久的历史和过硬的产品，更得益于企业在高举文化大旗过程中打出的品牌效应。

1995年10月，坐落于海淀区阜石路北侧的王致和腐乳厂南大门工程正式竣工，"王致和"以其崭新的文化形象亮相于世人面前：

用黑漆金字镌刻的"王致和"牌匾，在乳白色大理石和琉璃瓦的映衬下，显得格外庄重肃穆。

走进厂区大门，迎面便可以看到一尊汉白玉雕像——

散发着儒商气质的王致和凝眸而立，一领长衫，目光温润，气度超凡，仿佛在静静地守护着这个历经三百年沧桑的老厂，一种贯通古今的穿越感油然而生。

这尊汉白玉雕像矗立在厂区门前，"王致和人"进进出出都

“王致和”汉白玉雕像

会看到他，他不仅是王致和腐乳厂企业文化与历史文化的象征，也成了“王致和人”顶礼膜拜的精神信仰。

前面我们说过，经过解放初期的公私合营与“四和合一”后，腐乳厂多次更名，先后叫过田村酱厂、田村化学酿造厂和北京市腐乳厂。但是，“王致和”这块从清康熙年间诞生，在京城老百姓中口口相传的金字招牌，并没有被挖掘出其应有的文化价值。厂领导意识到，“王致和”作为有着三百多年悠久历史的中华老字号，不应被历史的洪流淹没，应该让它在新时代重获生命力，彰显企业的品牌价值。

经过向上级领导申报，1991 年 6 月，腐乳厂正式更名为——北京市王致和腐乳厂，这一次对“王致和”老字号的重新打造，对企业的品牌形象起到了极大的宣传效果。

这就是我们从小吃的“王致和”臭豆腐啊，这可是家老字号，听说大清朝的时候就有了，他家的腐乳咱们老百姓吃着放心！

听着京城百姓对“王致和”老字号的啧啧称赞，企业领导再一次深刻地认识到，品牌形象对企业发展的巨大魅力和作用，在新的历史时期，企业必须以文化为依托，加强品牌管理建设，丰富老字号的文化体系。

1985 年首次注册的王致和商标图样

那么，作为一个传承了三百多年的中华老字号企业，“王致和”的企业文化理念与经营哲学是什么呢？在回答这个问题之前，我们先来看看“王致和”是如何打造自己的企业品牌形象的。

二十世纪九十年代，全国的中华老字号俯拾即是，但大多数企业并没有意识到品牌建设与企业文化建设的重要性。此时，“王致和”又一次站在了行业的前列，腐乳厂领导以其敏锐的眼光与战略头脑，在中国食品行业率先导入了企业文化“CI”，拥有了企业的自主品牌形象。

CI，英文全称为 Corporate Identity System，即企业形象识别系统，这一概念是二十世纪八十年代作为一套“品牌管理体系”引入中国的，是企业管理对内对外文化形象的基础理论。它是通过对理念、行为、视觉三方面实行标准化、规则化，使之具备特有性、价值性、长期性、认知性的一种识别系统的总称。换言之，就是通过一种直观的企业形象标识，将“王致和”三百多年形成的历史底蕴、经营哲学、企业精神外化呈现，以此提升老字号的企业知名度，培养员工对企业的认同感与归属感，使社会公众了解接受企业及企业的产品。

为了全方位提升王致和腐乳厂的企业知名度，使企业品牌形象深入人心，厂领导决定，从弘扬“王致和”的历史文化入手，他们专门到中央工艺美术学院，请美术设计专家黄维教授亲自操刀，为“王致和”量身设计一套企业文化推广方案。

黄维教授首先意识到，企业品牌宣传离不开产品标识，而过去“王致和”的标签不仅设计简陋，而且随意分散，坛子上是一种，瓶子上是一种，罐子上又是一种，摆在柜台上红红绿绿、颜色不统一，看上去很不美观。

为了彰显三百年老字号的文化底蕴，使“王致和”的品牌形象跃然纸上、深入人心，黄教授埋头图书馆，翻阅了大量清代的历史文献资料，又结合企业提出的具体要求，设计出了令人眼前一亮的“王致和”新商标——头戴瓜皮小帽的王致和，面容清秀，长辫飘飘，颇具清代儒商气质，尤其是用蓝色线条勾勒出的笔触，眉目上扬，意蕴深厚，向人们传递着一种永不言弃、积极向上的正能量，侧身回首的姿态，仿佛对后辈继承千年腐乳技艺饱含着无尽的期许与厚望，一段尘封于历史深处的中国故事自成章回，跃然眼前。

所谓“一百个人心中有一百个哈姆雷特”，但看了黄教授设计的新商标，王致和腐乳厂上上下下的职工一致表示，清朝康熙年间的老祖先王致和，就该是这个样子。

人在浩瀚的历史面前，既渺小如豆芥，又伟岸如峰峦！望着伫立于厂区大门口的“王致和”汉白玉雕像，遥想着三百多年前老祖先王致和在京城永不言弃、创立王致和南酱园的经历，“王致和人”就像找到了千里扬帆的灯塔和航标，这是历史赋予他们的宝贵精神财富，先人的护佑，历史的照拂，时代的召唤，鞭策他们沿着先人的足迹继续攀行，与无数承前启后的“王致和人”一起，栉风沐雨，迎接更加美好的未来。

现在，我们就可以回答前面提出的问题，栉风沐雨三百多年的王致和，其经营哲学与企业文化理念正是——以“应变哲学”和“竞争精神”为经营思想，以“传承”和“创新”为企业灵魂。

其实，在长期的计划经济条件下，“王致和”也和其他的国有企业一样，曾经抱着“皇帝女儿不愁嫁”的固化思想，一度缺乏创新和竞争的活力，甚至陷入僵化经营。

举个例子来说，二十世纪九十年代初期，市场上黄豆的价格从3角钱涨到了2元钱，这对企业无疑构成了巨大的压力。“王致和”腐乳厂领导果断地意识到，“以不变应万变”的思想已经过时了，要想顺应市场经济发展潮流，必须“以万变应万变”，在这种思想的指导下，“王致和”的管理在变，产品在变，包装在变，工艺设备、生产环境等都在变。变的结果是，“王致和”以独树一帜的企业文化形象呈现在消费者面前，一次次战胜了风险，冲出了低谷，二十世纪九十年代初，企业年销售额已达5000万元以上。

应变的同时，“王致和”不忘在激烈的市场大潮中遵循“竞争哲学”，从而构成了企业的核心精神，并由此派生出了企业的产品文化、营销文化、环境文化、激励文化等，真正依靠文化这杆大旗，将三百年老字号的金字招牌推广到全国，走向世界。

当然，一个企业的文化建设并不是一劳永逸的，更不能只停留在标签、商标、雕塑这些表面文章上，而是要随着时代的发展和市场的需要，不断进行挖掘与调整，塑造企业形象，确立企业精神，使之成为一种富含情感、凝聚人心、关联无数人记忆与心灵寄托的精神地标。

经过多年的实践摸索，“王致和”腐乳厂又提出了新时期的企业精神——“点滴之间，卓越无限”，并将“酿人间美味，造百姓口福”作为企业的经营宗旨。在塑造企业形象的同时，仍不忘积极履行社会责任，以言行一致的作风彰显老字号的品牌形象。

早在二十世纪七八十年代，腐乳厂曾经响应国家变废为宝的政策，从黄浆水中提取核酸，为企业增加了效益。但是，这一措施并没有从根本上解决废水污染的问题。领导经过仔细研究，一致认为，王致和是一家有着三百年历史的老国企，产品技术过硬的同时，坚决不能存在任何污染环境、有损企业品牌形象的宿弊。为此，厂里利用厌氧——好氧处理废水工艺，将腐乳生产中产生的高浓度有机废水进行处理，达到了北京市废水排放标准，此项技术获得了二商局科技成果一等奖。

1994 年，“王致和”腐乳厂迎来了瑞典生物基金会与联合国教科文组织生物资源中心赴中国考察的 20 位专家领导。早就听说北京市有一家生产腐乳制品的中华老字号，不仅产品在国内家喻户晓，废水处理技术也在行业内遥遥领先，专家们不禁对这个百年老字号产生了浓厚的兴趣。一位外国专家指着流水线上一瓶瓶色泽红润的腐乳，满脸疑惑地问道：

这个东西，就是你们说的“一臭万年”的腐乳——

废水厌氧处理技术鉴定会

沼气池外景

为了让外国专家对中国千年的腐乳技艺有更加直观的了解，厂领导特意安排他们参观了腐乳的整套生产工艺，中午还特地安排了一顿地地道道的“王致和”大餐——臭豆腐。外国专家看着盘子里方方正正的小东西，闻着散发出来的怪味道，纷纷掩着鼻子，一边摆手，一边连声说：“No，no……”，招待人员见外国专家迟迟不动筷子，便端上来一盘小贴饼子，在上面抹了一层薄薄的臭豆腐递给他们。外宾们小心翼翼地放在嘴里一尝，只觉得咸香鲜美、细腻绵软，就好像吃到了家乡的奶酪一样开心，纷纷赞不绝口地说：

Chinese cheese，Good！ Good！

一臭万年、臭名远扬，本是具有贬义的词汇，在“王致和”身上，却成了地地道道的褒义词，而且还漂洋过海，得到了大洋彼岸外国消费者的赞许，成就了一段“东方奶酪”的美谈！

这次经历又一次让“王致和人”深刻思考，自己的企业品牌要想走出国门，被世界各国的人们接受，必须打通中西方文化的壁垒，首先让外国人从了解腐乳千年传承文化做起，进而了解“王致和”的悠久历史、人文精神，只有文化先行，把文化传得更远，企业才能真正走向世界，这是一项任重而道远的任务，“王致和人”责无旁贷！

随着企业文化品牌的进一步打响，越来越多的外国人喜欢上了王致和的“中国奶酪”。1986 年，朝鲜驻中国大使馆秘书与商务参赞带着一批专家特意到王致和参观学习，据说，金日成主席特别喜欢吃“王致和”的腐乳，并希望把中国的技术引入朝鲜。1991 年，乌克兰共和国也向“王致和”发来邀请，希望将腐乳技术推广到该国；1992 年，“王致和”腐乳厂还迎来了专程从中国台湾地区慕名而来的摄制组，历时几个月，拍摄了《王致和腐乳》专题电视片，让海峡对岸的台湾同胞也能了解“王致和”腐乳的历史渊源……

在“靠文化发展，依文化扬名”的思想指导下，“王致和”腐乳厂几年来屡获殊荣：1988 年，北京食品工业协会、中央电视台经济部、中国消费者协会三家单位联合向“王致和”腐乳厂颁发了“优秀老字号”牌匾；1992 年，北京市工商局、市经委、市消协向该厂颁发了“著名商标”证书；1993 年，“王致和”的“大块”“王臭”“甜辣”“桂花”等腐乳产品被中华国产精品推展会认定为“国产精品”，并获得全国名优特产品金奖；“王致和”腐乳厂被认证为“中华老字号”企业……

效益是最好的试金石，1995 年，“王致和”腐乳厂依靠文化力量与文化管理取得了年销售额 5600 万元的破历史性效益，同比 1994 年增长了 3000 万元。

改革开放二十年间，“王致和”腐乳厂真正插上了文化崛起的双翼，将“一臭万年，香飘万家”的企业文化赋予了全新的灵魂与内涵，走进修缮一新的花园式厂区，听山水亭台、一草一木讲述老字号风雨三百年的故事，怀古思今，不觉心驰神荡，难怪有人曾写下这样诗意盎然的文字赞美“王致和”腐乳厂：

山为清屏碧野妆，
绿树成荫映厂房。
鱼儿戏水荷花醉，
飞鹤迎曦送斜阳。

第五节

“一元钱官司”轰动全国彰显企业精神

一个企业的品牌形象与文化内涵，不仅要靠外力的推广，更要靠内力的修炼，“王致和”腐乳厂在多年来致力于品牌建设与企业文化建设的过程中，一直不忘修炼内功，其博大的胸怀与高远的格局为行业内同仁所称道。其中，曾经轰动全国的“一元钱官司”就是最典型的例证。

1992年春节前夕，北京“王致和”腐乳厂的一位女职工回河北老家探亲，亲戚朋友听说她是“王致和”的员工，便对她说：

你们“王致和”的名气可是越来越大，在咱们这地方都开分厂了！

女职工听得一头雾水，在腐乳厂工作多年，她从没听说“王致和”在河北老家开分厂，心头不仅浮起一团疑云。

在计划经济向市场经济转轨的时期，不少商家用假冒伪劣产品非法牟利，使得像“王致和”这样的一批老字号深受其害。

不会是碰上“李鬼”了吧！

女职工越想越不踏实，决定亲自前往亲戚所说的那家分厂，探个究竟。

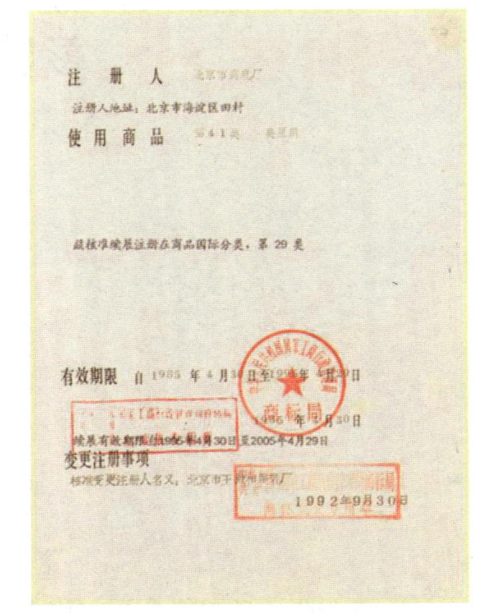

注册人

注册人地址：北京市海淀区田村

使用商品

经核准续展注册在商品国际分类，第 29 类

有效期限 自 1985 年 4 月 30 日至

续展有效期限自1995年4月30日至2005年4月29日

变更注册事项

核准变更注册人名义

1992年9月30日

1985 年商标注册证

站在挂着“××× 豆乳厂王致和分厂”招牌的厂房门口，女职工不禁大吃一惊。别看简陋的厂区不起眼，人家的生意却做得很有起色。不仅豆乳的销量很高，新生产的腐乳也畅销十里八村。

回到北京后，女职工马上把这件事向班组长汇报，组长意识到事情的严重性，又立即向上级领导汇报，厂长秦世国连夜召开紧急会议，决定聘请律师彻底查清此事，坚决不能让假冒伪劣产品损坏了“王致和”这块老招牌的声誉，万一产品质量有问题，不仅百年老字号名声不保，最终被坑害的是消费者。

经过一番彻查，事情的真相终于弄清了：原来，这家豆乳厂由于生产技术不行，产品无人问津，眼看厂子就要倒闭了。后来通过朋友介绍，认识了北京市顺义致和腐乳厂的人，花 6000 元买下了顺义致和腐乳厂的技术，后来索性把招牌换成了“王致和豆乳分厂”。这一换招牌不要紧，效益在短时间迅速增长，他们还想打着“王致和”这个金字招牌，继续购进设备，稳稳地大赚一笔。

这个顺义致和腐乳厂不就是你们“王致和”的厂子吗？我们花了六千块钱买了他们的技术，又挂上你们“王致和”的名字，这也没啥过分的，咱们是大水冲了龙王庙，一家人不认一家人呀！

听着对方振振有词的辩解，秦厂长心里更来了火气，敢情这是一个“连环套”，有人想借“王致和”腐乳厂的招牌浑水摸鱼。

说起北京市顺义致和腐乳厂，与“王致和”腐乳厂还真有些渊源。这本是一家由顺义县李桥中学创办的校办企业，这个厂筹建期间，“王致和”曾经无偿地向其提供过技术支持，而该厂厂长的父亲，以前是“王致和”腐乳厂的老员工。

抛开“王致和”腐乳厂与顺义致和腐乳厂的渊源，河北这家豆乳厂冒用王致和的招牌，这肯定是违法的。秦厂长亲自带队找到当地工商局，希望其责令豆乳厂立即摘掉“王致和”的牌子。

解决了“假李鬼”，接下来就要解决“真李鬼”，秦厂长回到北京后，第一时间组织大家开会研究，针对错综复杂的历史关系，商量解决对策。但是，问题又出来了：早在 1987 年，北京市顺义致和腐乳厂曾经向国家商标局申请注册“致和”商标，后来因为“王致和”腐乳厂提出了异议，“致和”商标不予批准注册。1989 年，顺义致和腐乳厂再次向商标局申请注册商标，仅仅将‘致’字改为方形隶书，同年 6 月该商标获得批准。

一字之差，谬之千里。考虑到这种千丝万缕的历史渊源，同时不伤害老员工对“王致和”腐乳厂的感情，秦厂长决定与顺义致和腐乳厂私下接触，协商解决。谁知道，对方的态度出乎意料，不但不承认自己的做法构成侵权行为，还责备“王致和”不念旧情，小题大做。在多方协商未果的情况下，1993 年 3 月 9 日，北京市王致和腐乳厂一纸诉状，正式向当时的顺义县人民法院提起诉讼，要求保护“王致和”商标的合法权益。

出人意料的是，一审判决并没有认定顺义致和腐乳厂的行为构成侵权，反而以商标权证不足为由，驳回了“王致和”腐乳厂的诉讼请求，案件受理费由北京市“王致和”腐乳厂承担。

“王致和人”很难接受这个事实，看着对方印在产品简介中的文字，多次提到“王致和腐乳有着 300 多年历史”。他们坚定地认为，这已然构成了侵权行为，于是再次向北京市中级人民法院上诉。

二十世纪九十年代，我国在知识产权方面的法律法规还不够健全，社会上对知识产权的意识也很薄弱，导致市场上出现了很多不正当的竞争现象，阻碍了我国社会主义市场经济的健康发展。

在与北京市中级人民法院承办法官的谈话过程中，秦厂长义正言辞地表示：

初审判决我们败诉了，我们全体“王致和人”都不能接受，也不能理解，为什么我们依法保护自己的知识产权就这么难呢？如果这个案子最终判我们输了，不仅伤害了我们几百名员工的情感，更是对多年来认可“王致和”产品的消费者不负责任，以后假冒伪劣产品越来越多，鱼龙混杂，真假不分，社会主义市场经济秩序何在？法律的公正严明何在？

秦厂长的一番话，让法官对这个老国企领导身上的正义感与社会责任感深深叹服，“王致和人”理该有这样的气魄。经过整整三个小时的法庭审理，双方律师唇枪舌剑，展开了激烈的交锋，最终法庭做出了判决：顺义腐乳厂不得在其生产、销售的腐乳产品包装、标签上使用“致和”字样，并向“王致和”腐乳厂支付商标侵权损失赔偿费 49.6 万元。

“王致和”腐乳厂胜诉了，几十万的赔款对“王致和”来说，决不仅仅是金钱数字这么简单，它标志着一个老牌国有企业在知识产权意识相对淡薄的年代，用法律维护自己的权益，为老字号的品牌形象与声誉振臂发声。

但是，就在外界等待着顺义腐乳厂赔款道歉的时候，又一个令人意想不到的消息传来了：“王致和”腐乳厂表示愿意庭下和解，并且撤回索赔申请，只要求顺义腐乳厂象征性地向“王致和”赔偿一元钱，并当众给一个说法。

当初的据理力争，当仁不让，最后却只要求对方赔付一元钱！“王致和”的做法着实让业内吃了一惊！原来，在诉讼的过程中，“王致和”腐乳厂领导考虑到，顺义腐乳厂是一家校办工厂，赔偿几十万元，这对他们来说可不是一笔小数目，很可能会拖垮企业，最终受害的是职工，还会累及教书育人的老师和学生。“王致和”

作为一家老牌国有企业，理应有责任担当与胸怀气度，用切实的行动为校办企业尽一份微薄之力。

我们并不是为了钱打这场官司，更不想把对方置于死地，我们同是生产腐乳的企业，既是竞争对手，又是合作伙伴，更何况对方是校办企业。我们觉得，接受一元钱赔偿，对我们，对对方，都更有意义！

法官听后，深感震撼，不由得竖起大拇指：

几十万变成了一元钱，你们“王致和”真是有心胸、有责任、有情怀的企业。“王致和人”讲情义，做事留余地，中华老字号果然名不虚传！我为你们骄傲。

这场“一元钱官司”轰动了全国，成为中国第一个知识产权案例，而“王致和”也因此声名远播，彰显了三百年中华老字号应有的胸襟气度，从而获得了愈加凸显的品牌效益，真正意义上诠释了“点滴之间，卓越无限”的企业精神！

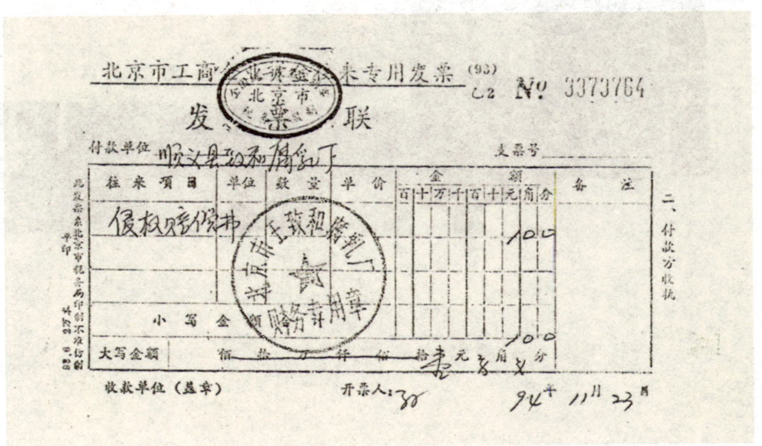

北京市工商……来专用发票 (93)

乙2 № 3373764

发……联

付款单位 顺义县致和腐乳厂　　支票号

往来项目	单位	数量	单价	金额	备注
侵权赔偿费				1.00	
小写金额				1.00	
大写金额	壹元零角零分				

收款单位（盖章）　开票人：　94年11月23日

二、付款方收执

“一元钱官司”发票

一元钱官司胜诉

第七章

Chapter 7

打造核心竞争力

响应『一带一路』倡议

扬帆出海的『王致和』

第一节

率先实行“四标一体”在国际舞台为中国发声

跨入21世纪后，一直在改革开放大潮中昂首阔步的“王致和”迎来了崭新的机遇与挑战。如何与时俱进，推进产品技术创新，提高企业在国际市场的竞争力，使中国的食品行业快速与国际接轨，让“王致和”这个老牌国有企业在中国加入世界贸易组织（WTO）的大好时机下焕发新的生命力，成为了摆在每一个“王致和人”面前沉甸甸的使命。

我们先来说说当时的时代背景。2000年，中国加入了世界贸易组织。在这个重大的历史转折中，中国的每一个企业都将有机会与国际接轨，与此同时，也将面临愈加激烈的全球化竞争。

当时，“王致和”已经在国内腐乳行业确立了龙头老大的地位，产品覆盖包括港澳台在内的全部省、直辖市、自治区及特别行政区，仅北方一个省的年销售额就达千百万元。为了顺应中国加入世界贸易组织的形势，“王致和人”以其敏锐的视角将目光瞄准了国际市场，他们坚信，越是民族的越是世界的，决心将这个拥有三百多年历史的民族品牌带出国门，推向世界。

2000年12月25日，对“王致和人”来说，这个西方的圣诞节充满了非同寻常的意义。王致和腐乳厂一行几人搭上了飞跃太平洋的航班，首度赴美国与中美联发股份有限公司签订战略合作协议，将被人们誉为“中国奶酪”的“王致和”腐乳，正式打入包括美国在内的北美市场。

飞机降落在异国大地的那一刻，“王致和人”纷纷摆出胜利的手势，操着流利的英语欢呼道：

Merry Christmas！ Chinese cheese！

“中国奶酪”——这是“王致和人”送给世界的声音，也是他们为中国传统食品行业与国际接轨树立的第一座历史性丰碑。

在美国洛杉矶举行的“2000年世界华商博览会”上，“王致和”正式亮相于美国亚裔市场。很多移民海外的华人，从小都是听着“王致和臭豆腐”的叫卖声长大的，看到来自中国的“王致和”腐乳被搬上美国市场，大家心情无比激动，闻着那股熟悉而亲切的味道，瞬间勾起了尘封在心底的缕缕乡情。一位坐着轮椅的美国老太太，操着一口不太流利的中文说：

中国奶酪，The best food in the world！

通过这次走出国门的亲身实践，“王致和人”鼓起了迈向国际市场的勇气，继而又远赴欧洲，参加在德国科隆举办的商品博览会。这一次，他们不仅带去了“王致和”的拳头产品——臭豆腐，还把酱豆腐、料酒等产品也带到了莱茵河畔。

精致大气的欧式展台上，摆满了贴着“王致和”商标的瓶瓶罐罐，工作人员还特意为德国朋友准备了吐司面包，像抹果酱一样将腐乳抹在面包片上。外国顾客们瞪大了双眼，看着眼前这神奇的一幕：外国吐司与中国腐乳完美融合，碰撞出一种前所未有的味道，鲜，软，绵，滑，回味无穷，唇齿留香！

在新的形势下，“王致和”出师大捷，打响了步入国际化市场的第一战。但是，摆在他们面前的任务依然艰巨。要想将产品推向国际，必须获得美国食品药品监督管理局（FDA）的免检资格，并获得其颁发的生产厂商号和产品号。作为一家以传统调味品为主打产品的企业，要想获得拥有世界公认最高食品安全标准的 FDA 进口许可，难度可想而知。别的指标暂且不说，仅腐乳水分活度指标这一项就把“王致和人”难住了。为此，“王致和”专门请到了北京农业大学的教授，共同研究腐乳水分活度指标。

在成功拿到 FDA 进口许可这块“敲门砖”的那一刻，“王致和人”并没有喜形于色，反而更加冷静地分析当前形势，他们清醒地认识到，要想让中国的腐乳走向世界，还有很多艰巨的工作要做。既然要与世界对话，向全世界介绍中国三百多年的老字号，就需要拥有立足国际市场的“发言权”。因此，“王致和”接下来要做的，是拿下“四标一体”标准体系认证这个“通行证”。

什么是“四标一体”认证系统？它分别指的是国际质量体系认证、环境管理体系认证、职业健康安全管理体系认证和食品安全体系认证。也就是说，“王致和”只有将“四标一体”管理体系应用到产品生产全过程中，才能拥有世界舞台的发言权，才有资格向世界介绍自己的产品。然而，这个过程可谓困难重重。

在此之前，中国的调味品行业里很少有企业实行过“四标一体”，这也就意味着，“王致和”毫无经验可循，只能摸着石头过河；另外，当时国家对传统产业的投入相对较少，要想实行“四标一体”，“王致和”只能自筹资金；社会上对这一全新的体系标准知之甚少，行业内部不乏反对甚至冷嘲热讽之声。

“王致和”顶着来自于各方面的巨大压力，下决心一定要做“第一个吃螃蟹的人”。2000 年，“王致和”实行企业内部重大改革措施，生产车间全部按照出口食品加工企业标准实施改造，将不符合出口标准的传统生产工艺全部拿掉。

当时，这项改革在全厂引起了极大的震动。想想看，沿用了几十年的生产车间竹木工器具全部更新为食品级的塑料及不锈钢制品，谁心里也接受不了。有的工人不理解，甚至责骂领导是崇洋媚外的“败家子”。在如此巨大的压力面前，“王致和”企业领导耐心地做工人的思想工作，晓之以理，动之以情。

同志们，既然咱们这辈子注定跟臭豆腐打交道，那就得千方百计地把企业做大做强，外国人管咱们的产品叫“中国奶酪”，既然是中国的，就是民族的，就是世界的，世界舞台需要中国的声音，需要‘王致和’的声音，我们必须掌握立足国际市场的发言权！让咱们的臭豆腐走出国门，香飘世界！

领导的话鼓舞了工人们的士气，安抚了不良情绪，一双双手又一次聚拢在一起，为了与国际接轨，为了提升传统产业，使之走向标准化、规范化、国际化，“王致和人”掀起了一场自己对自己的革命。

针对国内市场与国际市场的不同，“王致和人”审时度势，制定了从以“质”取胜国内市场到以“特”入驻国际市场的战略方针，选择具有优势的竞争点，合理避开国际市场绿色壁垒。

2005年，“王致和”的研发团队开始进行腐乳白坯制作自动化生产技术的初期调研，经过一次又一次的专家论证会，多方比较实施方案，2008年后，陆续实现了腐乳白坯制作自动化生产技术、腐乳白坯自动降接抓生产技术和后期清理的自动化生产技术，彻底摒弃了延续几百年的传统手工制坯、接菌抓坯、清理装箱的操作方法，提升了腐乳生产技术和生产设备的自动化水平，稳定了白坯的产品质量，进一步推动了腐乳规模化、工业化生产的进程。这也成为“王致和”荣誉榜上又一项独一无二的领先技术，为拥有一千多年悠久历史的中国腐乳走出国门、开拓国际市场，立下了赫赫战功。

第二节

核心技术不转移的OEM生产加工模式

2000年至2010年，“王致和”步入了向现代化、工业化大型企业飞速发展的关键十年，不仅在同行业中率先实行了“四标一体”标准化管理体系，还完成了另一件具有革命意义的大事，即铸造核心技术不转移的定点生产加工模式。

何为核心技术？是指企业较长时期积累的一组先进复杂的、具有较大用户价值的技术和能力的集合体，具有不可复制性。那么，“王致和”的核心技术是什么？它又是如何在保证核心技术不转移的前提下，打造定点生产加工模式的呢？

首先，我们要知道什么是定点生产，英文称为“OEM”生产，也就是俗称的代工（生产）。意思是品牌生产者不直接生产产品，而是利用自己掌握的核心技术设计和开发新产品，控制销售渠道，具体的加工任务通过合同订购的方式委托同类产品的其他厂家生产。

早在二十世纪九十年代初，“王致和”就开始尝试合作代加工的生产模式。当时，位于海淀区田村的老腐乳厂生产空间有限，而随着“王致和”产品市场需求的不断扩大，企业的生产能力已经无法满足供不应求的市场需要。于是，“王致和”就在北京周边的大兴、延庆等地区找到一些小型的腐乳生产企业，委托他们生产腐乳的半成品，比如腐乳毛坯，腐乳盐坯等。而后期的灌汤、发酵、包装、检验和上市依然由“王致和”操作。

2000年以后，随着中国加入世界贸易组织，“王致和”产品的销量进一步扩大，以前那种简单的代加工生产已经不能满足企业发展的需要了。“王致和”领导班子研究讨论后，决定正式建立核心技术不转移的OEM生产加工模式，在大兴、延庆等地区建立“王致和”的生产基地。也就是说，那些委托生产“王致和”产品的企业，不再允许生产和销售自营品牌产品，也不能销售“王致和”的产品，他们只有生产权，而核心技术仍然牢牢地掌握在“王致和”手中。

说到王致和腐乳的核心技术，主要就是腐乳酿制过程中的汤料，业内人称之为腐乳风味的“灵魂”。“王致和”掌握了包括汤料、菌种在内的所有生产工艺，以及腐乳直装工艺和前期自动化生产工艺在内的核心技术，这样就可以保证，所有产品在发酵完成之后，依然保持着“王致和”特有的细、软、鲜、香。

“王致和”自创的核心技术不转移OEM生产加工模式，不仅解决了王致和腐乳厂产能供应不足的问题，同时也助力了那些濒临倒闭的小型腐乳企业，他们只需负责腐乳从原料到成品的生产全过程，然后从“王致和”总部运输液体汤料，回去后直接使用。为了给这些小型腐乳企业吃上“定心丸”，“王致和”与他们签订无限期的长效合同，使其踏踏实实、一心一意地从事生产，做好“王致和”的代工厂。当时“王致和”打出的合作口号是——以共商为开端，共建为基础，共赢为目标，真正实现了总部与生产基地的效益双赢。

大兴基地、延庆基地、良乡基地……一时间，“王致和”的生产基地在北京周边相继挂牌建立，继而又走向全国，在外埠建立合作基地。偌大的中国版图上，放眼望去，“王致和”的生产基地遍地开花，真正呈现出“祖国山河一片红”的景象。

时至今日，“王致和”的生产基地除了腐乳外，还包括料酒、麻酱、豆沙馅、香油等系列产品的代生产（生产），而“王致和”还有一个更加远大的梦想，那就是有朝一日，建立一个无人化的代工厂，将腐乳生产工程推上一个更高的巅峰。

在建立核心技术不转移的OEM生产加工模式过程中，“王致和”又逐步发展成为生产基地+物流库区的模式。

2008 年北京奥运会期间，为了保证赛事的正常进行，北京市进行了严格的交通管制，“王致和”北京周边生产基地及河北等省市基地的产品，都不能进入北京市五环以内，“王致和”的传统物流受到了严重的影响。

困难从来斗不过“王致和人”的智慧，运筹于千里之外的“王致和”，当机立断在各生产基地周边建立库区，基地生产的产品不用送到海淀区田村本部，而直接进入基地物流库区，并由“王致和”总部统一管理，统一配送，统一发货。此后，“王致和”领导又站在更高的视角，着手建立“大物流链”，边实践，边学习，从建立近两万平方米的物流库区，到计算机信息管理系统的应用，再到软件的开发，仅仅用了半年的时间，一条属于“王致和”的大物流供应链就建设完成了。

在这里，我们要特别说一下“王致和”独树一帜的“12345”基地生产管理模式。所谓“12345”，即“一个系统，二个目标，三支队伍，四级经验，五个统一”。这是“王致和”对生产加工基地提出的新要求，具体内容是：建立“王致和”公司文化体系，以合作共赢，引领行业发展为目标，建立生产管理团队、质量管理团队、物流管理团队三支队伍，完成基地批批自检、“王致和”公司批批复检、“王致和”公司对原辅料、过程产品检验、第三方检验机构抽检，实现统一工艺、统一标准、统一采购、统一调拨、统一培训。这一模式有效地防控了生产经营风险，保证了产品品质的持续稳定，有利于企业向现代化大型企业格局发展。

显然，为了适应时代的需要，市场的需要，企业发展的需要，“王致和”的企业格局越做越大，通过不断整合优质资源，提升品牌效应。

不论是核心技术不转移的 OEM 基地，还是库区生产运营模式，以及后来建设的 ODM 基地，“王致和”的格局，来自于对自身核心技术与销售渠道的强大掌控，这种自信，是促使其向现代化、工业化大型企业转化的催化剂，这种自信还有一个更宏大的名字——中国自信！

第三节

从“南北之争”到“南北联姻”
收购桂林腐乳厂

从“四标一体”到OEM生产模式，进入二十一世纪以来，“王致和”一连做出了几件具有里程碑意义的重大举措，而接下来的这一件事，则是“王致和”有史以来的第一次大规模并购，推动了中国传统民族工业的发展与民族产业的振兴。

2005年，王致和腐乳厂成功收购了素有“中国白方腐乳鼻祖”之称的广西桂林腐乳厂，实现了我国腐乳行业历史上第一次“南北联姻”。说起这一次成功并购的过程，同样是跌宕起伏，震撼人心。

众所周知，从清朝初年“王致和”老字号创立开始，传统的“王致和”腐乳都是以北京地区销售为主，辐射到华北和东北地区，也就是说，北方地区一直是“王致和”的大本营和主战场。由于地域饮食文化的差异，以及产品形态的不同，长期以来，“王致和”的版图上对南方市场开发并没有突出的表现。

在市场经济大潮的推动下，为了进一步扩展市场，扩大品牌影响力，把三百年老企业做大做强，“王致和人”敏锐地意识到，下一步市场的增长中心要向南方转移。

说到南方的腐乳，可谓种类繁多，比如以麻辣、香酥、细嫩的川味见长的四川大邑县唐桥豆腐乳；四川成都、遂宁、眉山等地产的白菜豆腐乳；还有湖南、广西桂林一带的茶油腐乳、白方腐乳，浙江绍兴、宁波一带的红方腐乳等，这些产品都以其独特的风味，占领着华南市场的一席之地。这里主要给大家介绍一下白方腐乳。

白方腐乳以桂林腐乳为代表，主要生产地在广东、广西。由于当地特殊的气候原因，当地生产的豆浆容易变酸，因此，白腐乳的原料白坯是用酸浆生产的，而不同于北方地区用的盐卤。这种白方腐乳口味特别，非常适合南方人的口味，在两广地区非常盛行。而白方腐乳的代表就是桂林腐乳。桂林腐乳厂生产的花桥牌腐乳曾是国内十大腐乳品牌之一，被誉为“中国白方腐乳的鼻祖”。

早在二十世纪九十年代，“王致和”腐乳厂就与桂林腐乳厂有过许多次技术往来，经常相互参观学习，取长补短。二者既是腐乳同行，姊妹企业，又是盘踞南北两地的竞争对手。

2000 年，由于桂林腐乳厂一直经营不善，效益明显下滑，企业走上了下坡路。2005 年，桂林市国资委指示桂林腐乳厂进行国有企业改制。万般无奈之下，桂林腐乳厂几经周折来到北京，希望“王致和”参与其国有企业改制重组。

所谓：“用彼之长，补己之短。”王致和集团领导经过仔细分析研究，认为这是一个非常好的发展契机。作为中国腐乳行业的领头羊，“王致和”腐乳的品类还需要进一步完善，而桂林腐乳厂的白方腐乳正是自己欠缺和需要的，这无疑是一次产业互补的大好机会。

于是，“王致和”集团做出重大决策——在二商集团领导下，参与广西桂林腐乳厂的改制重组工作。但是，由于双方在行业认识、产业认识等方面存在很大程度的差异，改制过程进行得相当困难！

会议室里，“王致和”集团领导与桂林腐乳厂负责人相对而坐，各自阐述着自己对企业重组改制的认识和想法。谈到重组后会出现的种种问题，桂林方面甚至有些激动地向“王致和”方面发问道：

如果你们“王致和”南下进驻我们桂林腐乳厂，会不会把我们整个企业吃掉？会不会对我们的品牌造成巨大的影响？我们的几百名职工怎么安置？如果他们有情绪，人心不稳，怎么办？

面对桂林腐乳厂一方的种种追问，“王致和”集团领导沉心静气，泰然自若，显示出了大型国有企业应有的大局意识和担当精神，

你们放心，我们“王致和”会以大局为重，兼顾我们双方的利益做出决策！决不会让你们的职工失望！

经过反复的谈判，最后，“王致和”集团做出了一个令桂林腐乳厂震惊的决定——给广西腐乳厂的广大职工留有一定比例的股权。这个超前的举动，就连桂林市国资委都感到不可思议。

在几十年的发展过程中，“王致和人”有自己根深蒂固的观念，那就是企业和职工一定要共同发展、休戚与共。在国有企业改制的过程中，职工是企业真正的主人，应该从中享受到改革的红利，只有这样，他们才能对企业实实在在地产生认同感与归属感。

2005 年 12 月 31 日，在“王致和”集团超前的战略眼光支持下，桂林腐乳厂顺利完成了改革重组，正式更名为北京王致和（桂林腐乳）食品有限公司。这个不同寻常的跨年夜，“王致和”实现了北京与广西腐乳企业“南北联姻”的强强合作，开启了“王致和”打造中国腐乳企业旗舰的新纪元。这次成功的并购对于“王致和”成功开拓南方市场，构建全国乃至世界市场具有重要意义，更是南北合作、资源共享、品牌互动的典范之举，掀开了我国民族食品产业腐乳行业的崭新一页。

通过文化融合、管理融合、人文融合，“王致和”在完成对桂林腐乳厂的收购后，经历了一个艰难的改制过程，逐渐稳住了人心，解决了南北之间存在的文化差异，经过五年的运作，企业终于扭亏为盈。从 2018 年开始，企业发展势头猛增，每年经济指标都呈现两位数增长，年销售额近亿元。而“王致和”更是践行着自己的承诺，自从企业盈利之后，享有 11% 股权的职工每年都能拿到分红，切实地享受到了企业改革的红利，成为了企业真真正正的主人。这一切，都要归功于“王致和人”博大的胸怀与高瞻远瞩的战略远见。

第四节

“王致和”顺应国家战略 精准扶贫　扬帆出海

2000年，实行“四标一体”认证管理体系；
创建核心技术不转移的OEM生产模式；
成功收购桂林腐乳厂，实现“南北联姻”；
配合北京申奥，运用“互联网+”理念，让企业向大型现代化生产企业集团迈进。

回顾历史，“王致和人”非常善于利用时代赋予的机遇，大刀阔斧地改革创新，在时代的大潮中，多少企业因为不能适应变革或止步、或湮灭，而“王致和人”总能满怀激情地踏着时代的步伐，化危机为机遇，从而让企业迈上新的历史阶梯。

2014年，习近平总书记在听取京津冀协同发展工作汇报时强调，实现京津冀协同发展是一个重大国家战略，要坚持优势互补、互利共赢、扎实推进，加快走出一条科学持续的协同发展路子。

应该说，在国家推行京津冀一体化政策之前，“王致和”就已经站在全国的战略版图部署企业的发展蓝图。“王致和”相继在北京、河北建立了生产基地，促进企业自身壮大发展的同时，也带动了当地的生产、销售、物流等领域的发展。

“王致和”获中国驰名商标

“王致和”获中华老字号称号

为了顺应京津冀一体化的国家政策，“王致和”加大力度布局企业走向全国的发展战略，从生产基地、营销模式等各个方面推动企业的扩张，将中华老字号发扬光大。

如今，“王致和”每年的销售收入可以达到十亿元以上，每年仅腐乳包装的玻璃瓶就需要几亿个。一个以销售佐餐调料为主的腐乳企业，能取得如此惊人的业绩，着实令人刮目。无论是顺应京津冀一体化战略，布局全国发展模式，还是先后在北京、河北等地建立生产基地，向外埠扩展市场，改革生产制度，激励营销队伍，应该说，“王致和”的每一步发展都顺应了国家的大政方针和政策导向，都是从国家的战略定位去制定企业的发展规划。

2015 年，国家发布了《推动共建丝绸之路经济带和 21 世纪海上丝绸之路的愿景与行动》，“一带一路”倡议应运而生。为推动国际合作，中国向世界发出了“一带一路”的倡议，即构建“丝绸之路经济带”和“21 世纪海上丝绸之路”。这条依托“古丝绸之路”的亚欧大陆新通道，将涉及沿线近 60 个国家，总人口约 44 亿，经济总量约为 21 万亿美元，分别占全球的 63% 和 29%。

新时代将“王致和人”推向了一个前所未有的战略高度，他们意识到，在“一带一路”的新机遇下，不仅中国的资金、技术需要走出去，中国的文化、饮食同样应该扬帆远行。

腐乳生产线上，时任“王致和”公司领导班子正饱含热情地盯着一瓶瓶载着 350 年历史的酱豆腐，这一批产品对于“王致和”来说，具有非同寻常的意义，它们将乘着“一带一路”的东风，登陆美国、加拿大等 20 多个国家和地区，真正实现老字号“出海”——这个多少代“王致和人”期盼已久的中国梦！

从 2000 年首次进军美国市场开始，“王致和”腐乳已在全世界 43 个国家和地区注册商标，远销欧美 26 个国家和地区。时任“王致和”公司领导认为，“王致和”之前的腐乳出口主要依托华人市场，随着“一带一路”的开拓，老字号在全球市场堪称一支“潜力股”，但有一点十分关键，就是不能“倚老卖老”，一定要积极改良，适应多元化的国际市场需求，积极开拓外国本土市场，在销售产品的同时，向全世界推广中华老字号的文化底蕴与文化自信。

2017 年，习近平总书记在十九大报告中指出，要动员全党全国全社会力量，坚持精准扶贫、精准脱贫……确保到 2020 年我国现行标准下农村贫困人口实现脱贫，贫困县全部摘帽，解决区域性整体贫困，做到脱真贫、真脱贫。“王致和”又一次肩负起了义不容辞的责任。

“王致和人”明白，企业的发展离不开国家政策的扶持与社会公众的支持，作为老牌国企，回报社会是自己应尽的责任和义务。如今，“王致和”一步步发展壮大，有了一定的经济效益和资本积累，更应重视增强关注民生的社会责任，支持国家打赢这场脱贫攻坚战。

为此，“王致和”积极调整了企业的发展战略，提出以“王致和”的腐乳产业带动农业、工业、服务业的产业融合。本着溯本求源的思想，“王致和”从产业源头找出路，想办法，加大对腐乳产业源头——大豆种植领域的投入，用资本或非资本的方式有效延伸、链接，帮助大豆产地的农民提高收入，帮助当地农业生产技术改造升级。与此同时，“王致和”还计划向第三产业的服务业延伸，创建符合“互联网 +”潮流的新型生产、销售、服务一体化模式，扩大就业，提高从业人员收入，有效地配合国家精准扶贫的政策。

回望历史，“王致和”历经 350 年沧桑巨变，一次次站在时代的关口，顺应国家战略的发展要求，推陈出新，攻坚克难，屡创战功，从一个腐乳小作坊蜕变为全行业的旗舰航母，享誉全国，香飘世界，未来，它还将载着中国“国料”的美誉，书写下更加令人热血澎湃、壮志激昂的中国故事！

“王致和”获北京老字号称号

第八章

Chapter 8

致和庆华延

匠心迎未来

「王致和」书写大国工匠传奇

第一节

“王致和”腐乳酿造技艺列入《国家级非物质文化遗产名录》

你知道腐乳悠久的历史吗？你知道腐乳与大豆相比其营养价值体现在哪些方面吗？你能想到，这么一块四四方方的佐餐小料，要经过前前后后三十五道工序的酿制，而且制作技艺被列入了国家级非物质文化遗产吗？你能想象到，小小的腐乳也拥有了第一家科普馆吗？这一切，都在“王致和”变成了现实……

在“王致和”，你可以穿上清朝的长袍马褂，当一回卖臭豆腐的小伙计，与“大掌柜”一起穿越 350 年沧桑的风云际会，全程了解腐乳从磨豆、制浆、点浆、摆块到发酵、搓毛、灌汤的生产全过程，直观地感受“王致和南酱园”前店后厂的操作流程……你还可以坐在可以容纳四十余人的小剧场，观看闪动着“王致和”商标的 3D 科普宣传片，甚至可以走到模拟场景式的“王致和南酱园”柜台前，学着 350 年前老北京亲切而熟悉的吆喝声，尽情地来上一句：

臭豆腐，酱豆腐，王致和臭豆腐——

没错，这里就是北京二商集团王致和公司倾力打造的中国首家以腐乳为主题的科普馆。

腐乳啊，不就是豆腐长毛了之后泡到酱汤里，过几个月就可以吃了嘛——

一直以来，腐乳作为百姓餐桌上的佐餐小料，深受广大民众的喜爱。但是，由于腐乳的平民化特点，让很多人对它产生了误解，认为腐乳是低端食品，没有科学技术含量与文化价值可言。

为了把腐乳这种民族特色的产品普及给大众，把腐乳的发酵机理、内在营养价值等知识推而广之，弘扬中国博大精深的饮食文化，“王致和”做了许多有益的努力，其中包括成功申报国家级非物质文化遗产与科普展馆的建立。

2016 年 3 月 5 日，国务院总理李克强在政府工作报告中首次提到了“工匠精神”，并且特别指出，鼓励企业开展个性化定制、柔性化生产，增品种，提品质，创品牌，培育精益求精的“工匠精神”！“工匠精神”被提升到国家战略高度，让人耳目一新，包括“王致和”在内的无数中华老字号企业都为之深感振奋！

“工匠精神”的定义是：工匠对自己的产品精雕细琢，追求精益求精的精神理念。“工匠精神”的传承，要依靠言传身教，依赖于人与人之间的情感交流和人格操守的感染，体现了旧时代家族传承的历史价值。对像“王致和”这样长期以来依靠传统手工艺制造和一代代腐乳技艺传承人口传心授的“匠人”型企业来说，“工匠精神”多少年来延绵不息，是其赖以生存和延续企业命脉的根本。

从解放前靠老一辈“王致和人”精湛的腐乳酿造技艺和过硬的产品享誉京城，到公私合营后沿用老师傅们“传帮带”的传统手工艺方法，再到现代化大工业生产时期，专门设立的研发品控中心和首席技师工作室，“王致和”从不为了追求“短平快”的即时效益而摒弃传统，始终坚守匠人精神的理念和信仰，并将“工匠精神”与现代化企业管理体制、操作流程进行了有机的结合。

众所周知，传统工艺是否得到良好的传承和保护，一个最直接的体现就是其是否被列入《国家级非物质文化遗产名录》。但是，中国在相当长的一个历史阶段，对中华老字号的品牌宣传和保护力度还很不够。

无论从历史渊源、营养成分、饮食文化，还是生产技术等方面，中国的腐乳都丝毫不逊色于韩国泡菜，但是在世界上享有的声誉却远不及后者，这委实令“王致和”这位中国腐乳行业的龙头老大感到惋惜。“王致和人”意识到，自己有责任、也必须为中国腐乳在世界上争取一席之地，使其成为代表中国人文化自信的非物质文化遗产。

2006 年，为了推动我国非物质文化遗产的抢救、保护与传承工作，加强中华民族的文化自觉与文化认同，增进国际社会对中国非物质文化遗产的认识，促进国际间的文化交流与合作，为人类文化的多样性及其可持续发展做出中华民族应有的贡献，国家大力开展了鼓励企业积极参与非物质文化遗产的保护工作，“王致和”终于等来了千载难逢的时机。

在北京二商集团的高度重视和领导下，“王致和”与“六必居”“月盛斋”三个中华老字号同时申请进入《国家级非物质文化遗产名录》。对于有着三百余年历史的“王致和”来说，申遗之路并非一帆风顺。由于 1958 年公私合营“四和合一”后，“王致和”从前门外的延寿寺街搬到了海淀田村，后来又经历了“文化大革命”的十年浩劫，几经流转，基本没有保留下什么历史资料和文物。就连仅存的“王致和南酱园”老牌匾也在一场浩劫中被破坏殆尽。另外，与其他老字号不同的是，“王致和”在民国初年时期，就不再由安徽商人王致和的子孙经营，而是在风雨飘摇中数易其主，后来经过公私合营，才演变成一家国营的调味品生产企业。基于这样的特殊原因，“王致和”在申遗的过程中，传承人和传承谱系很难准确界定。

为此，北京二商集团经过了反复的推敲和研究，在对“王致和”几十年来技艺传承、发展变革、开拓创新进行细致研究的基础上，大家一致认为：“王致和”三个字，已经不仅仅是清代儒商王致和的代名词，自新中国成立，特别是改革开放以来，是一代一代承前启后的“王致和人”共同努力，把腐乳技艺发扬光大。这不是某个人的力量，而是集体智慧的凝结。最终，大家形成了统一的意见：“王致和”不是个人传承，而是——集体传承，以“王致和”历代技师作为集体传承者，这就是“王致和”完整的传承谱系。当时，这个意见得到了文化部负责国家级非遗名录审核工作领导们的一致认可。

2008 年 6 月，在所有“王致和人”与社会各界的齐心协力下，“王致和腐乳酿造技艺”被正式列入《国家级非物质文化遗产名录》。这不仅是企业无上的荣誉，同时也标志着“王致和”三百余年来代代相传的匠人精神得到了高度的尊重和认可，这项殊荣，亦是对南酱园王氏先人和腐乳技艺老匠人们的尊崇与告慰。

“王致和”腐乳技艺获“国家级非物质文化遗产”称号

现在我们都在讲文化自信，老字号同样承载着中华民族的文化自信。匠心回归，需要全社会普遍形成尊重工匠、尊崇工匠精神的社会氛围和制度、经济环境，树立技能宝贵、劳动光荣的社会风尚，更需要重视提高匠人的社会地位，让他们更多分享发展的成果，更加专注创新和安心守业。

传承，离不开创新。“王致和人”在坚守传承匠人精神的过程中，一直保持着一种不因循守旧、不断开拓创新的意识。延绵了三百余年的腐乳酿造技艺，经过一代代“王致和匠人”的悉心打磨，血汗浇灌，从未停下创新的步伐。就拿“王致和”低盐腐乳这项改革来说，充分地体现了其不闭塞视听、不因循守旧的精神理念。

大家知道，由于旧时代的生产工艺和设备条件有限，“大缸造、小块卖”的“王致和”腐乳保质周期很短，在传统的腐乳酿造工艺中，高盐分是为了在保证腐乳风味的同时，有效地起到杀菌保质的作用。这也是为什么数百年来，“王致和”腐乳都是不含任何防腐剂的原因。但是，随着科技的发展，越来越多的研究表明，高盐腐乳不利于人们的健康。“王致和”的销售人员经常收到消费者的反馈，他们表示：你们的腐乳虽然味道好吃，但盐分太高了，是不是能够降低盐分，这样也可以吃得更放心一点。

于是，摆在“王致和人”面前的问题出现了：不仅要降低腐乳的含盐量，保质的同时还要保留“王致和”腐乳细、软、鲜、香的品质和风味，既要保证健康，又不能失去传统特色。

在研究过程中，“王致和”的研发团队针对保持风味和保质这两大难题，进行了不下千次的试验，从理化指标的变化、微生物的变化到营养成分的变化，反复比对研究，最终掌握了腐乳低盐化生产的革命性工艺。在淡口鲜香腐乳正式实现了量产化之后，“王致和”又陆续开发了淡口的白腐乳、清淡型木糖醇腐乳等降盐产品，使腐乳的营养价值得到显著提升，满足了不同消费者的需求。“王致和”在同行腐乳企业中率先推行低盐化产品这一举措，进一步体现了“王致和人”的社会责任感与使命感，同时也保持了“王致和”产品在市场上的权威性与领先性。

2008年，继申遗工作成功后，“王致和人”更加清晰地认识到，作为一家被列入《国家级非物质文化遗产名录》的老牌国有企业，“工匠精神”的传承与发展任重道远，还有许多细致的工作要做。其中，包括通过社会教育与学校教育等途径，使腐乳技艺的传承后继有人；并利用大众传媒与互联网的宣传，加深公众对腐乳酿造技艺这项非遗的全面了解和认识。为此，“王致和”专门成立了大师工作室，对重点传承人加强培养。有人甚至大胆地提议，建立一座腐乳科普馆，让来自五湖四海的人走进“王致和”、了解“王致和”，就像到韩国旅游可以学习泡菜制作一样，来到中国，可以了解腐乳生产，实实在在地当一次“王致和”。

2010年12月18日，我国第一家以腐乳为主题的科普展馆——北京市腐乳科普馆正式开馆。走进科普馆，一幅巨大的铜版画首先映入眼帘，真实地再现了三百多年前老北京前门一带的商业繁荣景象，徽州儒商王致和的彩绘雕像翩然而立，仿佛把人们又带回了清朝康熙年间的“王致和南酱园”，随王致和一起，穿越历史，品读古今，了解中国腐乳的前世今生……

科普馆开馆后，先后吸引了数以千计的大专院校学生、中小

北京市腐乳科普馆

科普馆内一览

学生、以及社区居民前来参观，“王致和”先后组织田村街道管辖的 28 个社区，进行了百家社区对接百家企业的活动。一时间，参观者络绎不绝，妇孺皆知，“王致和”品牌得到了有力的宣传，“王致和人”又一次用实际行动为文化自信书写下有力的注脚。

2015 年，“王致和”又建成了腐乳科普体验馆。凡是来科普馆参观的人，都可以自己动手磨豆浆、点浆、摆块、装瓶、灌汤，还可以穿上清朝的服装，真正当一回“王致和南酱园”里的“小伙计”。此外，充满智慧的“王致和人”还开发出别具特色的“腐乳宴”，用腐乳制作出近百道美味佳肴，进一步向市场推广。

科普馆泥塑——选豆

对于未来，“王致和人”还有更远大的目标：他们希望把“王致和”打造成集传统与现代、经典与时尚于一体的，能够列入世界《非物质文化遗产名录》的中国食品，真正无愧于“东方奶酪”这个响当当的名字。他们深知，这个过程依然任重道远，但他们充满信心，因为“王致和”是一代代工匠人本着精益求精的“工匠精神”酿制而成的匠心良品，是中华民族的文化瑰宝，是中国人文化自信的体现，更是大国工匠精神的彰显。有朝一日，它必将成为中华民族的文化标签，享誉世界。

老字号有了新形象“王致和”推出文化 IP——“王小和”

“王致和”品牌始创于康熙八年（1669 年），至今已经走过 350 余年的历史，其所有者北京二商王致和食品有限公司是国内最大的腐乳生产企业。公司始终将传承与创新有机结合，在保持诚信创业的传统经营理念和工艺技术的基础上，创新经营思路、创新工艺技术、创新营销模式，积累经验，逐步形成“文化、品牌、技术、渠道、运营模式”五大发展优势，使得“王致和”公司在行业内一直处于领军地位。

近年来，“王致和”公司飞速发展，取得了卓越的成绩：首创腐乳直装工艺、首创腐乳制坯自动化生产方法、首创 OEM 生产基地 + 库区的生产经营模式、首创腐乳低盐化生产工艺……

“王致和人”肩负着振兴老字号的历史使命，企业先后获得多项荣誉，2008 年，“王致和”腐乳酿造技艺被列入《国家级非物质文化遗产名录》，2010 年建成全国腐乳行业首家腐乳科普馆，2017 年获得“第二届北京市人民政府质量管理奖提名奖”，成为该届唯一一家获奖的老字号食品生产企业。

2017 年 12 月，首农食品集团联合重组后，北京二商王致和公司的发展得到了集团的高度重视。在首农食品集团领导下，公司制定《王致和公司推动品牌传承保护和高质量发展的战略方案》，明确了“一个目标、四个坚持、建立六大体系”的工作思路，在固本强基的基础上，深入挖掘老字号文化内涵，积极开展文化推广活动，为350周岁的“王致和”隆重庆生。

2019年，“王致和”这个中华老字号迎来了350周年华诞，在庆祝大会上，有一个场面令人记忆犹新：

几十个头戴瓜皮小帽、身穿长袍马褂的年轻人，跳着轻盈的舞步闪亮登场，与台下观众形成整体的互动，那青春的扮相，充满活力的身姿，吸引了所有人的目光。他们，有一个听上去既可爱又亲切的名字——“王小和”。

这是“王致和”公司为此次庆祝大会精心策划的节目——《我们都是王小和》，台上扮演“王小和”的，都是北京二商王致和公司的90后员工，青春靓丽的形象与大清朝的长袍马褂搭配得相得益彰，既有历史穿越感，又具有时代气息。

我们希望借助这一富有时尚气息、潮范儿十足的“代言人”，让“王致和”品牌文化能影响年轻消费者，让更多年轻人了解王致和，喜爱王致和品牌。

在此之前，王致和公司举办了一场以卡通人物“王小和”为形象代言的新闻发布会。350年风云巨变的老字号，有了富有时代感的新形象。三种代表青、红、白腐乳产品颜色，穿着青、红、黄三色马褂的“王小和”以其萌萌的卡通造型夺人眼目，给这个中华老字号平添了一股时尚跃动的青春风。

说到推出“王小和”这样一个崭新的文化IP，北京二商王致和公司经历了很长时间的思考。在相当长的一个历史时期，对很多消费者而言，“王致和”是一个古老而又厚重的品牌，在年轻消费者的饮食中，腐乳的比重正在逐步下降。

在肯德基、麦当劳、必胜客等外国快餐品牌席卷中国市场，占据年轻人消费比例的形势下，如何让中国的下一代直观地感知到老字号的历史文化与品牌精神，将“王致和”儒雅清隽的中国形象根植于他们心底，让他们知道，350年前，有一个不甘向命运屈服的

王致和员工与文化 IP 新形象——王小和

逆行者，弃文从商缔造腐乳行业传奇，他穿着长袍马褂，他是中国儒商的代表，中国五千年文化的传承者，他的精神滋养了一个新时代的国有企业，滋养了一代又一代的后来者，他的名字叫王致和。

本着这样的初衷，“王致和”走上了塑造文化 IP 这条路，卡通形象“王小和”应运而生，与之前的“王致和”儒商形象相比，“王小和”不仅是在文化标识上的延续，更是在企业人文内涵与企业精神上的传承，相信一个个穿上长袍马褂的 90 后“王小和”们，不仅是台上的舞者，更是时代的舞者，通过这种极富造型感与人物感的形象诠释，他们对身上肩负的使命感与责任感，体会得更加深刻！毕竟，“王致和”未来的发展，要靠他们传承接力！

忆往昔峥嵘岁月，350 年风雨兼程。康熙八年（1669 年），安徽举子王致和因一次偶然的机会发明了“臭豆腐”，为中华民族传统饮食盛宴中增添了一朵奇葩；1678 年“王致和南酱园”开业，迈出了品牌成长的第一步；状元孙家鼐题写的藏头诗赋予了“致和酱园”浓厚的文化气息；晚清时期，“臭豆腐”传入宫廷，得“青方”美名，从此登得大雅之堂。这个品牌腾飞的起点是新

“王致和”350 周年庆典

“王致和”员工集体大合唱

中国成立之后，以国有企业的身份跻身祖国经济发展的大潮之中。

350 年的辉煌已成过往，又一个百年风雨即将开启……

回望历史，350 年春秋更迭，风雨沧桑，“王致和”守的是儒心，铸的是匠道，“王致和”所承载的，不仅是一个中华老字号的崛起与振兴，更是中国五千年文化（徽商精神）与新时代大国工匠精神的跨时空对话；从科举的弃儿到“东方奶酪”创始人，“王致和”的故事正应了“天时，地利，人和”。所谓人和，是王致和从小秉承着徽州人吃苦耐劳、艰苦努力的奋斗精神，中国最底层劳动人民（匠人）的淳朴善良，隐忍坚守，支撑他能够在困境中逆风而行；另一个就是老北京这片土壤，老北京人对他的鼓励和扶持，京城百姓对臭豆腐的认可和热爱，体现出“地利”的重要性，北京文化对外来文化的兼容并包，民族商业的萌芽兴起，这一切成就了“天时”，所以我们得出一个结论——天助自助者，一个人或一群人对命运的执着与坚守，改写了一个时代民族商业的华章，铸就了 350 年中华老字号绵延至今的大国工匠精神。

如今，“王致和”的企业形象已经根深蒂固地扎根在每一个国人心中，小小腐乳，民生所需，民心所盼，载着新时代的文化自觉与文化自信，铸起了大国工匠之魂，一代代承前启后的“王致和人”必将循着前人的足迹，不忘初心，砥砺前行，将这段家喻户晓、振奋人心的中国故事代代相传，四百年、五百年、六百年地传承下去……

正是：

岁值庚子天将晓，
书文戏理话家国。
一脉徽商青石路，
京味传奇著新说。
匠道儒心同砥砺，
铁砚藏锋苦研磨。
泼墨成曲苍生系，
天地民心“王致和”。
……

后记

postscript

《王致和》传记小说即将出版，我的心情欣悦而凝重。一者，曲剧《王致和》是我于 24 年前就把剧本提纲写出来了，倾注了我对北京老字号的深厚感情，历时 20 余载终于搬上戏曲舞台，且得到了王致和公司的鼎力支持，开创了一条文企结合的新路；二者，这个题材看似市井，写京城百姓爱吃的“王致和”臭豆腐如何诞生，讲徽州举子王致和在逆境中如何弃文从商的故事，但真要把它写好，写深，写透，却绝非易事。因为这里面涉及了清朝初年，也就是康熙年间很多宏大、绵延的历史背景，比如康熙帝智擒鳌拜，团结蒙汉，大力发展民族工商业，还有清初老北京城商业的繁荣，前门大栅栏附近诸如“同仁堂”“信远斋”“花汉冲”“六必居”等老字号的创始始末……可谓丝丝扣扣，各有牵连。

我在最初创作曲剧《王致和》剧本时，只设计了王致和与两个女人（韩冬雪、曹春雨）的故事线索，两个女人一台戏，王致和的命运随两个女人而铺陈开来。就像她们的名字，一个凌霜傲雪，一个梨花带雨，一个在京城，一个在徽州，写她们身上至真至善的人性，对王致和的真挚情意。尤其是北京大妞韩冬雪，对王致和发乎情、止乎礼，帮助他在困境中重新振作起来，充满了老北京人身上特有的侠义大气、古道热肠。这两个女人的设计，她们对彼此的理解与包容，恰恰印证了老北京这片土地对徽州文化的兼容并包，能够使源自徽州的臭豆腐在京城扎根，成为深受京城老百姓喜爱的佐餐美味。

在创作《王致和》一书的过程中，为了使这段“350 年全球盛名享”的臭豆腐故事更加好听，好看，我又加入了一段“三个男人”的故事，即王致和与“同仁堂”创始人乐显扬、礼部侍郎孙岳颁之间的一段传奇。这当然是“戏说”，如果严格按照历史考究，三人不太可能同坐一室，煮酒共话。但笔者以为，既然《王致和》讲的是“一段中国故事”，那就可以使它更具有中国五千年传统文化的味道，是什么呢？我总结成两个字——儒心。不论是乐显扬、孙岳颁，还是王致和，他们身上都实实在在地体现着一个“儒”字，最初都怀着一份报效朝廷的赤子之心，或科考进仕，闻达仕途；或秉承家风，亦医亦儒，尽管最终三个人走上了不同的人生道路，一个官居高位，一个弃官从医，一个弃考从商，但他们的儒生本色始终未泯。

书中有一段故事，讲王致和历经磨难、苦海脱险后，三个男人穿着儒生模样的长衫，在“同仁堂”乐家药室吟诗作赋，行酒令、讲情怀，纵论家国天下事，尽显儒生本色。不管人生境遇如何变化，他们始终把家国大义、天地民生放在心上，这就是中国知识分子印刻在骨子里的那份儒心，那份家国担当！若能将之搬上舞台，笔者真该为这三个“老生”好好费一番笔墨，写一段荡气回肠的西皮二黄……

近年来，写文人题材的戏很多，比如竹林七贤中的嵇康，魏晋风骨的曹氏兄弟，还有陆游、苏轼、辛弃疾等，笔者以为大多展现文人的孤标傲世、放浪形骸，不为朝廷世俗所容，但《王致和》这个题材恰恰是另一个路子，王致和在磨尽铁砚、历经两度科考后，自主性地走上了一条精神觉醒，与百姓民生紧密结合的创业之路。当下多少学子，多少家庭，常以考入高等学府为今后显名于江湖、悠哉于市井为唯一出路，王致和的改弦更张，止步科场，同样造就了一番辉煌的事业，这恐怕对今人有一定的启迪作用。

正如我的大学长阎崇年先生在本书序言中写道：“人生道路，千条万条，哪条通达，就走哪条。”惟有初心不泯，善于变通，方可于绝境中峰回路转，成就一番不寻常之事。磨尽铁砚写匠心，王致和的故事之所以耐人咀味，是因为它映射出中国文人于逆境中的人格升华与转型，这种敢于打破陈规，勇于变通的人生涅槃，将书生意气，儒生风骨，融入中华老字号诚信经营、匠心制造的发展理念中，不仅构成了中国传统文化重要的组成部分，也可以说，是古代传统中蕴藏着新时代的辉煌。

最后还要感谢我的大学长，清史、北京史专家阎崇年先生为本书作序，感谢王致和公司的大力支持，感谢华文出版社宋志军社长、胡慧华主任对书稿的审读、把关，使我在创作京城老字号故事的梦想上，得偿夙愿！当然，我还要特别提出的：本书虽然我讲了主要内容、人物和结构，但涉墨较少，大部分文字的书写皆为我的学生，毕业于中国戏曲学院戏文系的张婧承担，她为本书费尽心血，修改多次，有一股小车不倒只管推的韧劲儿，方才最终圆了我们的梦。所以在要感谢的人中，她应该是重要的一位，在这里，我要郑重提出来，否则便成为掠人之美，老而无行了。

张永和

庚子年孟夏于北京悟心轩